成都局集团公司铁路职工岗位培训系列教材

货运检查员

中国铁路成都局集团有限公司　编

中国铁道出版社有限公司

2024年·北　京

内 容 简 介

本书为货运检查员岗位培训教材，内容包括：铁路运营安全概述，铁路线路、车站与信号设备，铁路货车基础知识，货检基础知识，货检作业检查项点及标准，货检相关信息系统及运用，问题车处置及典型案例，货检相关应急处置措施。

本书适用于集团公司“新职、转岗、晋升”人员岗前资格性培训，也可作为高职生“2+1”定向培养教材和日常岗位适应性培训教材。

图书在版编目(CIP)数据

货运检查员/中国铁路成都局集团有限公司编．—北京：中国铁道出版社有限公司，2024.7

成都局集团公司铁路职工岗位培训系列教材

ISBN 978-7-113-31118-6

Ⅰ.①货… Ⅱ.①中… Ⅲ.①铁路运输-货物运输-检查-岗位培训-教材 Ⅳ.①U294

中国国家版本馆 CIP 数据核字(2024)第 058568 号

书　　名：货运检查员

作　　者：中国铁路成都局集团有限公司

责任编辑：聂宏伟　李纯一　　　**编辑部电话：**(010)51873024

封面设计：郑春鹏

责任校对：苗　丹

责任印制：樊启鹏

出版发行：中国铁道出版社有限公司(100054，北京市西城区右安门西街 8 号)

网　　址：http://www.tdpress.com

印　　刷：北京联兴盛业印刷股份有限公司

版　　次：2024 年 7 月第 1 版　2024 年 7 月第 1 次印刷

开　　本：787 mm×1 092 mm 1/16　**印张：**10.5　**字数：**251 千

书　　号：ISBN 978-7-113-31118-6

定　　价：76.00 元

成都局集团公司铁路职工岗位培训系列教材
编审委员会

本书编委会

主　　编：华　正

副 主 编：徐美琼　肖　侗　胡　毅　杨冀琴
李　敏

主　　审：魏　楠

编写人员：何　苗　杜　庆　黄小维　向　勇
白　鹏　方庆利　谭　旭　洪　杰
王　恒　吴丽然　赵　峥　刘晓斌
王　东　熊　渊　练　兵　殷　原
冉　波　周　崧　游　志　周万民

前言

随着我国铁路事业快速发展，路网规模持续扩大、技术装备不断更新、职工队伍大规模迭代，对铁路专业技能人才，尤其是“新职、转岗、晋升”人员的知识技能结构提出了更高的要求。为进一步加强职工队伍建设，加快铁路高技能人才培养，适应铁路高质量发展对职工岗位素质的要求，依据《铁路特有工种技能培训规范》、教学大纲和岗位作业标准，中国铁路成都局集团有限公司组织编写了铁路职工岗位培训系列教材。

本套教材从各工种岗位工作实际出发，注重专业性、实用性和指导性，主要以培养新职、转岗、晋升人员基础知识和专业技能，适应岗位需求为目标，严格按照《铁路特有工种技能培训规范》培训科目要求，充分依据现行基本规章和作业标准，紧密结合现场各工种岗位作业实际组织编写，内容反映各工种岗位“新技术、新设备、新工艺、新规章”变化，重点突出岗位作业标准、安全规定、应急处置。

本套教材由中国铁路成都局集团有限公司教材编审委员会组织，以专业指导委员会为平台，职工培训部统筹，职工培训基地牵头，运输、客运、货运、机务、工务、电务、供电、车辆、土房专业部门组建以现场专业技术骨干为主体的编写团队进行编写，适用于“新职、转岗、晋升”人员岗前资格性培训，也可作为高职生“2＋1”定向培养教材和日常岗位适应性培训教材。

本书为货运检查员岗位培训教材，共八章，主要内容包括：铁路运营安全概述，铁路线路、车站与信号设备，铁路货车基础知识，货检基础知识，货检作业检查项点及标准，货检相关信息系统及运用，问题车处置及典型案例，货检相关应急处置措施。本书引用的基本规章、作业标准等为编写时现行文件，与后续新发文件冲突时，以新发文件为准。

由于编者水平有限，书中难免存在疏漏和不妥之处，恳请广大读者提出宝贵意见，便于日后修订完善。

编委会

2024 年 4 月

目 录

第一章 铁路运营安全概述 …… 1

第一节 铁路运营安全有关法律法规 …… 1
第二节 铁路行车安全概述 …… 13
第三节 其他安全规定 …… 21

第二章 铁路线路、车站与信号设备 …… 25

第一节 铁路线路的组成 …… 25
第二节 铁路车站 …… 32
第三节 铁路信号基础 …… 42

第三章 铁路货车基础知识 …… 52

第一节 铁路货车发展概述 …… 52
第二节 铁路货车基本构造 …… 52
第三节 铁路货车分类 …… 55
第四节 铁路货车车辆标记 …… 61

第四章 货检基础知识 …… 64

第一节 货检站定义及分类 …… 64
第二节 货检基本要求 …… 64
第三节 货检设备设施及工具备品 …… 65
第四节 货检作业主要内容 …… 66

第五章 货检作业检查项点及标准 …… 68

第一节 人工检查作业 …… 68
第二节 货检机检作业 …… 71

第六章 货检相关信息系统及运用 …… 99

第一节 铁路货运计量安全检测监控系统 …… 99
第二节 铁路货车装载视频高清智能监视系统 …… 105

第三节 铁路货检安全监控与管理应用 …… 111

第七章 问题车处置及典型案例 …… 118

第一节 车门窗盖阀类问题 …… 118
第二节 篷布苫盖类问题 …… 125
第三节 杂物残货类问题 …… 129
第四节 货物撒漏、溢出类问题 …… 134
第五节 集装箱问题 …… 138
第六节 超偏载问题 …… 142
第七节 治安类问题 …… 145
第八节 车辆技术状态类问题 …… 146
第九节 押运类问题 …… 148
第十节 其他类问题 …… 150

第八章 货检相关应急处置措施 …… 152

第一节 货检站铁路交通事故应急处置 …… 152
第二节 货检作业应急预案 …… 154

第一章　铁路运营安全概述

第一节　铁路运营安全有关法律法规

一、安全生产法律法规体系概述

(一)概念和特征

1. 概念

安全生产法律法规是为调整生产经营活动中有关安全生产各方关系与行为的法律规范,是为保障劳动者在生产经营活动中的安全与健康而建立的法律体系。

安全生产法律法规体系,是指我国全部现行的、不同的安全生产法律规范形成的有机联系的统一整体。

安全生产法律法规体系是一个包含多种法律形式和法律层次的综合性系统,从法律规范的形式和特点来讲,既包括作为整个安全生产法律法规基础的宪法规范,也包括行政法律规范、技术性法律规范、程序性法律规范。

2. 特征

随着我国依法治国方略不断深入推进,具有中国特色的安全生产法律法规体系正在构建之中。这个体系具有三个特点:

(1)法律规范的调整对象和阶级意志具有统一性。

(2)法律规范的内容和形式具有多样性。

(3)法律规范的相互关系具有系统性。

(二)基本框架

1. 基本框架构建

我国安全生产法律法规体系的基本框架按照上位法与下位法、普通法与特殊法、综合性法与单行法等三个方面来构建。

(1)上位法与下位法

法从不同层级上,可以分为上位法与下位法。

上位法是指法律地位、法律效力高于其他相关法的立法,铁路体系中如《中华人民共和国铁路法》(以下简称《铁路法》)。

下位法相对于上位法而言,是指法律地位、法律效力低于相关上位法的立法。不同的安全生产立法对同一类或者同一个安全生产行为作出不同的法律规定的,以上位法规定的为准,适用上位法的规定,如《铁路安全管理条例》适用《铁路法》的规定。上位法没有规定的,可以适用下位法。下位法的数量一般要多于上位法。

(2)普通法与特殊法

法从同一层级的效力上，可以分为普通法与特殊法。

普通法适用于安全生产领域中普遍存在的基本问题和共性问题，它们不解决某一领域存在的特殊性、专业性的法律问题，如《铁路安全管理条例》。

特殊法是适用于某些安全生产领域独立存在的特殊体，更有可操作性，如《危险化学品安全管理条例》。在同一层级的安全生产立法对同一类问题的法律适用上，特殊法优于普通法。

(3)综合性法与单行法

法从内容上，可分为综合性法与单行法。

综合性法不受法律规范层级的限制，而是将各个层级的综合性法律规范作为整体来看待，适用于安全生产的主要领域或者某一领域的主要方面，如《中华人民共和国安全生产法》(以下简称《安全生产法》)。

单行法的内容只涉及某一领域或者某一方面的安全生产问题，如《铁路安全管理条例》。

2. 按照上位法与下位法构建

按照上位法与下位法，安全生产法律法规体系包括以下方面。

(1)法律

法律由全国人大及其常务委员会制定，是安全生产法律法规体系中的上位法，居于整个体系的最高层级，其法律地位和效力高于行政法规、地方性法规、部门规章、地方政府规章等下位法。

《中华人民共和国宪法》是我国安全生产法律法规体系框架的最高层级，“加强劳动保护，改善劳动条件”是有关安全生产方面最高法律效力的规定。

国家现行的有关安全生产的专门法律有《中华人民共和国消防法》《中华人民共和国道路交通安全法》《中华人民共和国海上交通安全法》《中华人民共和国矿山安全法》；与安全生产相关的法律主要有《中华人民共和国劳动法》《中华人民共和国铁路法》《中华人民共和国公路法》《中华人民共和国民用航空法》《中华人民共和国港口法》《中华人民共和国矿产资源法》《中华人民共和国建筑法》《中华人民共和国煤炭法》《中华人民共和国电力法》《中华人民共和国工会法》等。

(2)法规

法规由国务院发布，包括省、自治区、直辖市人民代表大会及其常务委员会和地方政府等有立法权的机构在不与宪法、法律相抵触的前提下制定发布。安全生产法规分为行政法规和地方性法规。

①行政法规。安全生产行政法规的法律地位和法律效力低于有关安全生产的法律，高于地方性安全生产法规、地方政府安全生产规章等下位法，如《铁路安全管理条例》。

②地方性法规。安全生产地方性法规的法律地位和法律效力低于有关安全生产的法律、行政法规，高于地方政府安全生产规章，如《四川省安全生产条例》。经济特区安全生产法规和民族自治地方安全生产法规的法律地位和法律效力与地方性安全生产法规相同。

(3)规章

规章由国务院各部委等和具有行政管理职能的直属机构，省、自治区、直辖市和较大的市的人民政府制定发布。安全生产行政规章分为部门规章和地方政府规章。

①部门规章。国务院有关部门依照安全生产法律、行政法规的授权制定发布的安全生产规章的法律地位和法律效力低于法律、行政法规，高于地方政府规章，如《劳动防护用品监督管理规定》《安全生产违法行为行政处罚办法》等。

②地方政府规章。地方政府安全生产规章是最低层级的安全生产立法，其法律地位和法律效力低于其他上位法，不得与上位法相抵触。

(4)法定安全生产标准

国家制定的许多安全生产立法将安全生产标准作为生产经营单位必须执行的技术规范而载入法律，安全生产标准法律化是我国安全生产立法的重要趋势。安全生产标准一旦成为法律规定必须执行的技术规范，它就具有了法律上的地位和效力。执行安全生产标准是生产经营单位的法定义务，违反法定安全生产标准的要求，同样要承担法律责任。因此，将法定安全生产标准纳入安全生产法律法规体系范畴来认识，有助于构建完善的安全生产法律法规体系。

法定安全生产标准分为国家标准和行业标准，两者对生产经营单位的安全生产具有同样的约束力。法定安全生产标准主要是指强制性安全生产标准。

①国家标准。安全生产国家标准是指国家标准化行政主管部门依照《标准化法》制定的在全国范围内适用的安全生产技术规范，如《危险化学品重大危险源辨识》《危险货物品名表》等。

②行业标准。安全生产行业标准是指国务院有关部门和直属机构依照《标准化法》制定的在安全生产领域内适用的安全生产技术规范。行业安全生产标准对同一安全生产事项的技术要求，可以高于国家安全生产标准但不得与其相抵触。

安全生产法律规范的层级、内容和形式虽然有所不同，但是它们之间存在着相互依存、相互联系、相互衔接、相互协调的辩证统一关系。

二、《安全生产法》

《安全生产法》是综合规范安全生产法律制度的法律，它是我国安全生产法律法规体系的核心，是安全生产主体法律。最初于 2002 年 6 月 29 日在第九届全国人民代表大会常务委员会第二十八次会议上通过，自 2002 年 11 月 1 日施行。2009 年进行了第一次修正，2014 年进行了第二次修正，2021 年进行了第三次修正。

现行《安全生产法》于 2021 年 6 月 10 日中华人民共和国第十三届全国人民代表大会常务委员会第二十九次会议通过，自 2021 年 9 月 1 日起施行。总共七章，一百一十九条，各章分别是总则、生产经营单位的安全生产保障、从业人员的安全生产权利义务、安全生产的监督管理、生产安全事故的应急救援与调查处理、法律责任、附则。

(一)总　　则

1. 法律地位与立法目的

《安全生产法》是我国安全生产的基础法、综合法。制定实施《安全生产法》，是为了加强安全生产工作，防止和减少生产安全事故，保障人民群众生命和财产安全，促进经济社会持续健康发展。

2. 适用范围

《安全生产法》适用于在中华人民共和国领域内从事生产经营活动的单位（以下统称生

产经营单位)的安全生产。

有关法律、行政法规对消防安全和道路交通安全、铁路交通安全、水上交通安全、民用航空安全以及核与辐射安全、特种设备安全另有规定的,适用其规定。

3. 总体要求

安全生产工作坚持中国共产党的领导。

安全生产工作应当以人为本,坚持人民至上、生命至上,把保护人民生命安全摆在首位,树牢安全发展理念,坚持安全第一、预防为主、综合治理的方针,从源头上防范化解重大安全风险。

安全生产工作实行管行业必须管安全、管业务必须管安全、管生产经营必须管安全,强化和落实生产经营单位主体责任与政府监管责任,建立生产经营单位负责、职工参与、政府监管、行业自律和社会监督的机制。

(二)对企业的要求

1. 明确安全生产主体责任

生产经营单位的主要负责人是本单位安全生产第一责任人,对本单位的安全生产工作全面负责。其他负责人对职责范围内的安全生产工作负责。

2. 确立全员安全生产责任

生产经营单位必须遵守《安全生产法》和其他有关安全生产的法律、法规,加强安全生产管理,建立健全全员安全生产责任制和安全生产规章制度,加大对安全生产资金、物资、技术、人员的投入保障力度,改善安全生产条件,加强安全生产标准化、信息化建设,构建安全风险分级管控和隐患排查治理双重预防机制,健全风险防范化解机制,提高安全生产水平,确保安全生产。

生产经营单位应当以人为本,关注从业人员的身体、心理状况和行为习惯,加强对从业人员的心理疏导、精神慰藉,严格落实岗位安全生产责任,防范从业人员行为异常导致事故发生。

3. 建立安全风险分级管控和事故隐患排查治理制度

生产经营单位应当建立安全风险分级管控制度,按照安全风险分级采取相应的管控措施。

生产经营单位应当建立健全并落实生产安全事故隐患排查治理制度,采取技术、管理措施,及时发现并消除事故隐患。事故隐患排查治理情况应当如实记录,并通过职工大会或者职工代表大会、信息公示栏等方式向从业人员通报。其中,重大事故隐患排查治理情况应当及时向负有安全生产监督管理职责的部门和职工大会或者职工代表大会报告。

4. 明确从业人员安全生产责任

从业人员在作业过程中,应当严格落实岗位安全责任,遵守本单位的安全生产规章制度和操作规程,服从管理,正确佩带和使用劳动防护用品。

(1)从业人员的安全生产权利义务

①生产经营单位与从业人员订立的劳动合同,应当载明有关保障从业人员劳动安全、防止职业危害的事项,以及依法为从业人员办理工伤保险的事项。

生产经营单位不得以任何形式与从业人员订立协议,免除或者减轻其对从业人员因生产安全事故伤亡依法应承担的责任。

②生产经营单位的从业人员有权了解其作业场所和工作岗位存在的危险因素、防范措施及事故应急措施,有权对本单位的安全生产工作提出建议。

③从业人员有权对本单位安全生产工作中存在的问题提出批评、检举、控告;有权拒绝

违章指挥和强令冒险作业。

生产经营单位不得因从业人员对本单位安全生产工作提出批评、检举、控告或者拒绝违章指挥、强令冒险作业而降低其工资、福利等待遇或者解除与其订立的劳动合同。

④从业人员发现直接危及人身安全的紧急情况时，有权停止作业或者在采取可能的应急措施后撤离作业场所。

生产经营单位不得因从业人员在前款紧急情况下停止作业或者采取紧急撤离措施而降低其工资、福利等待遇或者解除与其订立的劳动合同。

⑤生产经营单位发生生产安全事故后，应当及时采取措施救治有关人员。

因生产安全事故受到损害的从业人员，除依法享有工伤保险外，依照有关民事法律尚有获得赔偿的权利的，有权提出赔偿要求。

⑥从业人员在作业过程中，应当严格落实岗位安全责任，遵守本单位的安全生产规章制度和操作规程，服从管理，正确佩带和使用劳动防护用品。

⑦从业人员应当接受安全生产教育和培训，掌握本职工作所需的安全生产知识，提高安全生产技能，增强事故预防和应急处理能力。

⑧从业人员发现事故隐患或者其他不安全因素，应当立即向现场安全生产管理人员或者本单位负责人报告；接到报告的人员应当及时予以处理。

⑨工会有权对建设项目的安全设施与主体工程同时设计、同时施工、同时投入生产和使用进行监督，提出意见。

工会对生产经营单位违反安全生产法律、法规，侵犯从业人员合法权益的行为，有权要求纠正；发现生产经营单位违章指挥、强令冒险作业或者发现事故隐患时，有权提出解决的建议，生产经营单位应当及时研究答复；发现危及从业人员生命安全的情况时，有权向生产经营单位建议组织从业人员撤离危险场所，生产经营单位必须立即作出处理。

工会有权依法参加事故调查，向有关部门提出处理意见，并要求追究有关人员的责任。

⑩生产经营单位使用被派遣劳动者的，被派遣劳动者享有《安全生产法》规定的从业人员的权利，并应当履行《安全生产法》规定的从业人员的义务。

(2)法律责任

生产经营单位的从业人员不落实岗位安全责任，不服从管理，违反安全生产规章制度或者操作规程的，由生产经营单位给予批评教育，依照有关规章制度给予处分；构成犯罪的，依照刑法有关规定追究刑事责任。

5. 其他

《安全生产法》对生产经营单位投保安全生产责任保险、重大危险源信息共享、不得非法转让施工资质、发生事故及时救治等作出法律规定；制定了针对生产经营单位、主要负责人、其他负责人、安全生产管理人员等法律责任，包括罚款、限期整改、停产停业整顿、任职限制等行政责任，构成犯罪追究刑事责任；制定了关于安全生产违法连续处罚、未采取措施消除安全隐患也将追究刑事责任等多项法律责任追究条款。

(三)对政府部门、第三方机构的要求

《安全生产法》对各级人民政府部门在安全生产规划与国土空间规划等相关规划相衔接，安全生产监督管理的协调机制及职责，安全生产国家强制性标准，建立举报制度，建立安全生产违法行为信息库，制定应急预案，制定相关行业、领域重大危险源的辨识标准和重大事故隐患的判定标准等方面进行法律规定。

《安全生产法》对承担安全评价、认证、检测、检验职责的机构租借资质、挂靠、出具虚假报告等作出禁止性规定。

三、《铁路法》

《铁路法》是我国历史上第一部国家管理铁路的法律，也是我国调整铁路运输法律关系的基本法。最初于 1990 年 9 月 7 日第七届全国人民代表大会常务委员会第十五次会议通过，自 1991 年 5 月 1 日起施行。2009 年进行了第一次修正，2015 年进行了第二次修正。

现行《铁路法》总共六章，七十四条，各章分别是总则、铁路运输营业、铁路建设、铁路安全与保护、法律责任、附则。

（一）立法目的

为了保障铁路运输和铁路建设的顺利进行，适应社会主义现代化建设和人民生活的需要，制定《铁路法》。

（二）适用范围

《铁路法》所称铁路，包括国家铁路、地方铁路、专用铁路和铁路专用线。

国家铁路是指由国务院铁路主管部门管理的铁路。

地方铁路是指由地方人民政府管理的铁路。

专用铁路是指由企业或者其他单位管理，专为本企业或者本单位内部提供运输服务的铁路。

铁路专用线是指由企业或者其他单位管理的与国家铁路或者其他铁路线路接轨的岔线。

（三）铁路运输的社会关系

《铁路法》是调整政府机关、企事业单位、其他社会团体以及公民与铁路运输企业在铁路运输营业、铁路运输管理、铁路建设及铁路安全与防护等方面建立的各种社会关系的法律。

在我国铁路运输活动中，主要存在以下社会关系：

1. 铁路运输行政管理关系：即国务院铁路主管部门与铁路运输企业之间发生的领导、组织铁路运输的行政管理关系，一般称为铁路运输的纵向关系。

2. 铁路运输合同关系：即铁路运输企业与其他企业、事业单位、社会组织以及公民个人在承办货物运输或旅客运输业务中发生的合同关系，一般称为铁路运输的横向关系。

3. 铁路运输的经营管理关系：即铁路运输企业之间的分工协作关系以及铁路运输企业内部的调度、指挥、管理之间的关系，一般称为铁路运输的内部关系。

（四）主要内容

1. 铁路运输管理体制及铁路的行政管理职能

我国的铁路运输管理体制是在国家宏观调控下，以政府为主导，结合市场机制的综合性管理体制。它旨在确保铁路运输的安全、高效、有序，以满足国家经济发展和社会需求。我国的铁路运输实行计划与市场相结合的运营模式。在计划方面，中国国家铁路集团有限公司（简称国铁集团）制定全国铁路的运输计划，确保重点物资和旅客的运输需求得到满足。在市场方面，各铁路局集团公司会根据市场需求调整运输策略，提高运输效率和服务质量。

2. 铁路发展政策

针对我国铁路发展的现状与未来需求，规划了全面而长远的发展蓝图。目标是构建一个覆盖广泛、高效便捷的铁路网络，以满足日益增长的客流和物流需求，同时促进地区间的均衡发展。

3. 铁路运输企业义务

铁路运输企业必须坚持社会主义经营方向和为人民服务的宗旨，改善经营管理，切实改进路风，提高运输服务质量。

铁路运输企业的基本义务就是要为旅客、托运人和收货人提供运输服务。因此铁路运输企业应当始终把为人民服务作为自己的宗旨，为旅客、托运人、收货人提供优质的服务。不断改变服务方式，与时俱进，优质、高效地为大众提供服务。

4. 公民及地方政府在维护铁路运输安全方面的义务

我国公民在维护铁路运输安全方面有着以下义务：

(1)遵守法律法规：公民应严格遵守与铁路运输安全相关的法律法规，不得从事任何危害铁路运输安全的行为。

(2)提高安全意识：公民应提高自身的安全意识，了解铁路运输安全的重要性，学会在铁路运输过程中保护自己和他人的安全。

(3)积极配合安全检查：在乘坐火车或进入铁路沿线区域时，公民应积极配合铁路部门的安全检查，确保铁路运输的安全。

地方政府在维护铁路运输安全方面有着以下义务：

(1)制定安全政策：地方政府应根据本地的实际情况，制定具体的铁路运输安全政策，明确保障铁路运输安全的措施和目标。

(2)加强安全监管：地方政府应加强对铁路运输安全的监管，确保铁路运输企业遵守相关法律法规，提高铁路运输的安全性。

(3)投入安全设施：地方政府应加大对铁路运输安全设施的投入，提高铁路运输设施的安全性能，降低铁路运输安全风险。

(4)开展安全宣传：地方政府应积极开展铁路运输安全宣传教育活动，提高公众对铁路运输安全的认识和重视程度。

总之，维护铁路运输安全是公民和地方政府的共同责任。只有公民和地方政府都积极履行自己的义务，才能确保铁路运输的安全和顺畅。

5. 铁路科技发展

铁路科技发展涵盖了高速铁路技术、列车控制系统、铁路信号技术、铁路电气化、铁路材料创新、节能环保技术、智能化与自动化以及安全管理技术等多个方面，这些技术的不断创新和应用，将推动中国铁路事业不断向前发展，为社会的繁荣和发展作出贡献。

6. 相关当事人的权利义务

铁路运输企业应当保证旅客和货物运输的安全，做到列车正点到达。铁路运输合同是明确铁路运输企业与旅客、托运人之间权利义务关系的协议。铁路运输合同各方当事人作为民事主体其法律地位是平等的，铁路运输企业与旅客、托运人或收货人之间具有权利义务对等关系。

《铁路法》分别对铁路运输企业的权利和义务、托运人的权利和义务、收货人的权利和义务、旅客的权利和义务作出了规定。与货运检查工作有关的铁路运输企业的权利和义务如下。

(1)与货运检查工作有关的铁路运输企业的权利

①铁路运输企业有权对托运人填报的货物品名、重量、数量进行检查；对托运人申报不

实的，有权按照有关规定加收运费和其他费用。

②托运人对托运的货物不按规定进行包装的，承运人有权拒绝承运。

③因托运人或者收货人的责任给铁路运输企业造成财产损失的，由托运人或者收货人承担赔偿责任。

(2)与货运检查工作有关的铁路运输企业的义务

①有义务按照合同约定的期限和到站时间安全准确地将货物运到合同约定的地点。

②铁路运输企业有义务按照货物运输合同约定的时间、数量、类型拨调状态良好、清扫干净的运输工具。

③负责装卸时，应严格遵守作业规程和装卸标准，保证装卸质量。

④货物运输到达后，承运人知道收货人的，应当及时通知收货人。

⑤由于承运人的过错将货物误运到达地点或误交收货人，应免费运至合同规定的到达地点，并交给指定的收货人。

⑥除法律规定可以免责的以外，铁路运输企业对承运的货物，自接受承运时起到交付时止发生的灭失、短少、变质、污染、损坏，有义务承担赔偿责任。因检查而造成货物损坏时，应当赔偿损失。

⑦铁路运输企业对承运的容易腐烂变质的货物和活动物，应当按照国务院铁路主管部门的规定和合同的约定，采取有效的保护措施。

7. 铁路运输过程中的损害赔偿

《铁路法》对保价运输与投保运输保险，货物、包裹、行李损失中铁路运输企业不承担的赔偿责任，铁路运输合同的调解与仲裁，无人领取货物的处理，铁路运输价格的制定等方面进行规定。

8. 铁路建设

《铁路法》对铁路发展规划、铁路建设用地、铁路道口和桥梁建设、铁路建设程序和标准化等方面进行规定。

9. 铁路安全与保护

《铁路法》对铁路运输设施的管理、路基安全保护、铁路运营用电负荷的电力供应、旅客列车和车站的安全、铁路行车安全、铁路交通事故的处理、危害铁路运输和行车安全行为的处理、铁路沿线环境保护等方面进行规定。

10. 法律责任

对违反《铁路法》，妨碍公共安全、违反交通管理秩序、侵犯公私财务、扰乱公共秩序、妨碍社会管理秩序、擅自铺设铁路道口、违反运价管理规定、铁路职工违反规章制度等违法行为进行法律责任追究。

四、《铁路安全管理条例》

《铁路安全管理条例》于2013年7月24日国务院第18次常务会议通过，自2014年1月1日起施行。总共八章，一百零八条，各章分别是总则、铁路建设质量安全、铁路专用设备质量安全、铁路线路安全、铁路运营安全、监督检查、法律责任、附则。

(一)立法目的

为了加强铁路安全管理，保障铁路运输安全和畅通，保护人身安全和财产安全，制定《铁路安全管理条例》。着力于解决铁路安全管理工作中，需要通过行政权力来管理的问题，即规范与铁路建设质量安全、铁路专用设备质量安全、铁路线路安全、铁路运营安全等相关的行政管理行为。铁路安全管理坚持安全第一、预防为主、综合治理的方针。

截至 2023 年底，我国铁路营业里程达到 15.9 万 km，其中高铁里程 4.5 万 km。在大运量、高速度、高密度的运输条件下，在铁路运输管理内部外部环境更加复杂的情况下，必须加大各方面的安全保护力度，才能确保运输安全和畅通。

(二)铁路安全管理工作总体要求

1. 行业监管

国务院铁路行业监督管理部门负责全国铁路安全监督管理工作，国务院铁路行业监督管理部门设立的铁路监督管理机构负责辖区内的铁路安全监督管理工作。国务院铁路行业监督管理部门和铁路监督管理机构统称铁路监管部门。

国务院有关部门依照法律和国务院规定的职责，负责铁路安全管理的有关工作。

2. 地方部门职责

铁路沿线地方各级人民政府和县级以上地方人民政府有关部门应当按照各自职责，加强保障铁路安全的教育，落实护路联防责任制，防范和制止危害铁路安全的行为，协调和处理保障铁路安全的有关事项，做好保障铁路安全的有关工作。

3. 铁路建设、运输、设备制造维修单位

从事铁路建设、运输、设备制造维修的单位应当加强安全管理，建立健全安全生产管理制度，落实企业安全生产主体责任，设置安全管理机构或者配备安全管理人员，执行保障生产安全和产品质量安全的国家标准、行业标准，加强对从业人员的安全教育培训，保证安全生产所必需的资金投入。

铁路建设、运输、设备制造维修单位的工作人员应当严格执行规章制度，实行标准化作业，保证铁路安全。

4. 突发应急管理

铁路监管部门、铁路运输企业等单位应当按照国家有关规定制定突发事件应急预案，并组织应急演练。

5. 保障铁路建设、运输秩序

禁止扰乱铁路建设、运输秩序。禁止损坏或者非法占用铁路设施设备、铁路标志和铁路用地。

任何单位或者个人发现损坏或者非法占用铁路设施设备、铁路标志、铁路用地以及其他影响铁路安全的行为，有权报告铁路运输企业，或者向铁路监管部门、公安机关或者其他有关部门举报。接到报告的铁路运输企业、接到举报的部门应当根据各自职责及时处理。

对维护铁路安全作出突出贡献的单位或者个人，按照国家有关规定给予表彰奖励。

(三)铁路运营安全

《铁路安全管理条例》在铁路运营安全方面，主要规定了铁路运输企业的安全管理责任，铁路机车车辆驾驶证申请，铁路运输企业从业人员的安全责任，公安机关的安全管理责任，火车票实名购买、查验制度，危险货物运输承运人、托运人的条件，办理危险货物运输的程序，运输特殊药品应具备的条件，铁路管理信息系统的安全要求，铁路的无线电管理，铁路用电安全管理以及一些禁止实施的危害铁路安全的行为。

1. 铁路运营安全总体规定

(1)铁路运输企业应当依照法律、行政法规和国务院铁路行业监督管理部门的规定,制定铁路运输安全管理制度,完善相关作业程序,保障铁路旅客和货物运输安全。

(2)铁路机车车辆的驾驶人员应当参加国务院铁路行业监督管理部门组织的考试,考试合格方可上岗。具体办法由国务院铁路行业监督管理部门制定。

(3)铁路运输企业应当加强铁路专业技术岗位和主要行车工种岗位从业人员的业务培训和安全培训,提高从业人员的业务技能和安全意识。

(4)铁路运输企业应当加强运输过程中的安全防护,使用的运输工具、装载加固设备以及其他专用设施设备应当符合国家标准、行业标准和安全要求。

(5)铁路运输企业应当建立健全铁路设施设备的检查防护制度,加强对铁路设施设备的日常维护检修,确保铁路设施设备性能完好和安全运行。

铁路运输企业的从业人员应当按照操作规程使用、管理铁路设施设备。

(6)公安机关应当按照职责分工,维护车站、列车等铁路场所和铁路沿线的治安秩序。

2. 货物运输方面规定

(1)铁路运输托运人托运货物,不得有下列行为:

①匿报、谎报货物品名、性质、重量;

②在普通货物中夹带危险货物,或者在危险货物中夹带禁止配装的货物;

③装车、装箱超过规定重量。

(2)铁路运输企业应当对承运的货物进行安全检查,并不得有下列行为:

①在非危险货物办理站办理危险货物承运手续;

②承运未接受安全检查的货物;

③承运不符合安全规定、可能危害铁路运输安全的货物。

(3)运输危险货物应当依照法律法规和国家其他有关规定使用专用的设施设备,托运人应当配备必要的押运人员和应急处理器材、设备以及防护用品,并使危险货物始终处于押运人员的监管之下;危险货物发生被盗、丢失、泄漏等情况,应当按照国家有关规定及时报告。

(4)办理危险货物运输业务的工作人员和装卸人员、押运人员,应当掌握危险货物的性质、危害特性、包装容器的使用特性和发生意外的应急措施。

(5)铁路运输企业和托运人应当按照操作规程包装、装卸、运输危险货物,防止危险货物泄漏、爆炸。

(6)铁路运输企业和托运人应当依照法律法规和国家其他有关规定包装、装载、押运特殊药品,防止特殊药品在运输过程中被盗、被劫或者发生丢失。

3. 其他方面

(1)无线电管理

禁止使用无线电台(站)以及其他仪器、装置干扰铁路运营指挥调度无线电频率的正常使用。

铁路运营指挥调度无线电频率受到干扰的,铁路运输企业应当立即采取排查措施并报告无线电管理机构、铁路监管部门;无线电管理机构、铁路监管部门应当依法排除干扰。

(2)禁止实施的危害铁路安全的行为

①非法拦截列车、阻断铁路运输;

②扰乱铁路运输指挥调度机构以及车站、列车的正常秩序;

③在铁路线路上放置、遗弃障碍物；
④击打列车；
⑤擅自移动铁路线路上的机车车辆，或者擅自开启列车车门、违规操纵列车紧急制动设备；
⑥拆盗、损毁或者擅自移动铁路设施设备、机车车辆配件、标桩、防护设施和安全标志；
⑦在铁路线路上行走、坐卧或者在未设道口、人行过道的铁路线路上通过；
⑧擅自进入铁路线路封闭区域或者在未设置行人通道的铁路桥梁、隧道通行；
⑨擅自开启、关闭列车的货车阀、盖或者破坏施封状态；
⑩擅自开启列车中的集装箱箱门，破坏箱体、阀、盖或者施封状态；
⑪擅自松动、拆解、移动列车中的货物装载加固材料、装置和设备；
⑫钻车、扒车、跳车；
⑬从列车上抛扔杂物；
⑭在动车组列车上吸烟或者在其他列车的禁烟区域吸烟；
⑮强行登乘或者以拒绝下车等方式强占列车；
⑯冲击、堵塞、占用进出站通道或者候车区、站台。

4. 法律责任

从事铁路建设、运输、设备制造维修的单位违反《铁路安全管理条例》规定，对直接负责的主管人员和其他直接责任人员依法给予处分。

违反《铁路安全管理条例》规定，给铁路运输企业或者其他单位、个人财产造成损失的，依法承担民事责任。

违反《铁路安全管理条例》规定，构成违反治安管理行为的，由公安机关依法给予治安管理处罚；构成犯罪的，依法追究刑事责任。

五、《铁路交通事故应急救援和调查处理条例》

《铁路交通事故应急救援和调查处理条例》于 2007 年 6 月 27 日国务院第 182 次常务会议通过，自 2007 年 9 月 1 日起施行。总共八章，四十一条，各章分别是总则、事故等级、事故报告、事故应急救援、事故调查处理、事故赔偿、法律责任、附则。

(一)铁路交通事故概念

铁路机车车辆在运行过程中与行人、机动车、非机动车、牲畜及其他障碍物相撞，或者铁路机车车辆发生冲突、脱轨、火灾、爆炸等影响铁路正常行车的事故，均为铁路交通事故(以下简称事故)。

(二)事故等级

铁路交通事故分为特别重大事故、重大事故、较大事故和一般事故四个等级。

1. 特别重大事故

有下列情形之一的，为特别重大事故：

(1)造成 30 人以上死亡，或者 100 人以上重伤(包括急性工业中毒，下同)，或者 1 亿元以上直接经济损失的；

(2)繁忙干线客运列车脱轨 18 辆以上并中断铁路行车 48 h 以上的；

(3)繁忙干线货运列车脱轨 60 辆以上并中断铁路行车 48 h 以上的。

2. 重大事故

有下列情形之一的，为重大事故：

(1)造成10人以上30人以下死亡，或者50人以上100人以下重伤，或者5 000万元以上1亿元以下直接经济损失的；

(2)客运列车脱轨18辆以上的；

(3)货运列车脱轨60辆以上的；

(4)客运列车脱轨2辆以上18辆以下，并中断繁忙干线铁路行车24 h以上或者中断其他线路铁路行车48 h以上的；

(5)货运列车脱轨6辆以上60辆以下，并中断繁忙干线铁路行车24 h以上或者中断其他线路铁路行车48 h以上的。

3. 较大事故

有下列情形之一的，为较大事故：

(1)造成3人以上10人以下死亡，或者10人以上50人以下重伤，或者1 000万元以上5 000万元以下直接经济损失的；

(2)客运列车脱轨2辆以上18辆以下的；

(3)货运列车脱轨6辆以上60辆以下的；

(4)中断繁忙干线铁路行车6 h以上的；

(5)中断其他线路铁路行车10 h以上的。

4. 一般事故

造成3人以下死亡，或者10人以下重伤，或者1 000万元以下直接经济损失的，为一般事故。

《铁路交通事故调查处理规则》又将一般事故分为一般A类事故、一般B类事故、一般C类事故、一般D类事故。

(三)事故报告

1. 事故报告过程

事故发生后，事故现场的铁路运输企业工作人员或者其他人员应当立即报告邻近铁路车站、列车调度员或者公安机关。有关单位和人员接到报告后，应当立即将事故情况报告事故发生地铁路管理机构。

铁路管理机构接到事故报告，应当尽快核实有关情况，并立即报告国务院铁路主管部门；对特别重大事故、重大事故，国务院铁路主管部门应当立即报告国务院并通报国家安全生产监督管理等有关部门。

发生特别重大事故、重大事故、较大事故或者有人员伤亡的一般事故，铁路管理机构还应当通报事故发生地县级以上地方人民政府及其安全生产监督管理部门。

2. 事故报告的主要内容

(1)事故发生的时间、地点、区间(线名、km、m)、事故相关单位和人员。

(2)发生事故的列车种类、车次、部位、计长、机车型号、牵引辆数、吨数。

(3)承运旅客人数或者货物品名、装载情况。

(4)人员伤亡情况，机车车辆、线路设施、道路车辆的损坏情况，对铁路行车的影响情况。

(5)事故原因的初步判断。

(6)事故发生后采取的措施及事故控制情况。

(7)具体救援请求。

事故报告后出现新情况的,应当及时补报。

第二节　铁路行车安全概述

一、铁路行车安全管理

(一)铁路行车安全管理重要性

铁道交通运营系统是一个多部门、多工种、分散地点进行生产组织的复杂动态系统,加强安全管理能够切实保证运输生产系统运行秩序正常、旅客生命财产安全、货物和运输设备完好无损。铁道交通运营安全管理按照铁路运输企业运营领域,内容主要包括行车安全管理、客运安全管理、货运安全管理;此外,还有相关的设备安全、劳动安全、消防安全、施工安全等管理内容。

铁路运输产品是旅客和货物的位移,实现位移的必要手段为列车运行。行车工作是列车的组成工作和运行工作的统称,涉及列车编组与解体、列车出发与到达、列车运行等作业,具体包括调车工作、接发列车工作、调度指挥以及有关的计划、作业与统计。

行车安全影响面广,行车组织工作涉及人员和工序多,受设备、人员、自然环境等因素影响大。因此,行车安全是衡量铁路运输质量和管理水平的重要标志,行车安全管理是铁路运输企业管理的重中之重。

(二)行车安全管理内容

1. 加强作业人员管理

在铁路事故中,人员、设备、环境、管理和其他因素中,人员因素排在第一位,其中属于失误的占绝大多数。

应加强作业人员管理,加强选拔和培训,要求理解运输生产作业规律,按标作业、规范操作,做好事故预想和预防工作,具有应急处理能力;以人为本,关心行车人员工作与生活。

2. 加强现场作业控制

行车安全管理的出发点和落脚点是现场作业控制,对现场作业重点控制的内容主要包括标准化作业控制、非正常情况下作业控制和结合部作业联控等。

(1)标准化作业控制

行车标准化作业是从学习标准、对照标准直至达到标准所进行的全部活动,如货运检查标准化作业是为保证安全高效完成货运检查作业,在接发列车标准化作业下,按照《铁路技术管理规程》(以下简称《技规》)、《铁路行车组织规则》(以下简称《行规》),结合车站设备特点,制订并实施包括货运检查作业对象、作业方法、作业过程、作业程序和时间、作业用语等标准的一切生产活动。标准化作业是个人行为、群体行为和管理行为的综合表现,只有在组织、制度、措施和监控等方面严格管理,才能使标准化作业得以实现并持之以恒。

标准化作业控制,主要通过实行站段、车间、班组三级联控,提高班组标准化作业自控能力,严格遵守作业标准和制度,增强职工执行“劳动纪律、作业纪律、作业标准化”的自觉性等途径予以实现。

(2)非正常情况下作业控制

正常作业条件下的标准化作业能确保运输安全。设备故障、维修施工、自然气候、行车组织变化等导致作业条件异于正常情况,属于非正常情况。非正常情况下,由于部分作业标准无法得到实施,不得不执行特殊规定,稍有不慎极易造成行车事故。

行车事故大多发生在调车作业和列车运行中,因违章操作而发生的事故也较多。非正常情况下接发列车造成事故的比例较高,性质和后果比较严重,已成为安全行车工作中的重点防控事项。某种程度上,非正常情况下的作业控制,主要是解决非正常情况下接发列车的作业控制问题。

非正常情况下作业控制,主要包括:严格遵守有关作业标准和原则,加强非正常情况下的作业培训与演练,采取科学合理、切实可行的办法,强化现场作业管理。全路将接发列车严把"三关"(闭塞、凭证(信号)、进路)列为接发列车"防错办"的关键环节,并制定了相应的硬性制度,对保证安全生产起到了积极作用。

(3)结合部作业联控

结合部是指由几个单位或部门共同参与工作或管理而形成的互相联系、互相制约的环节、区域或部位。就行车工作而言,结合部是在运输过程中,为了安全生产这一共同目的,不同部门和不同工种人员协调动作、联合作业,在生产和管理上发生交叉、重叠的区域和环节。例如,线路大修时的施工与运输部门间的密切配合;列车运行、接发列车、货运检查作业等生产环节必须由车务、机务、货运等部门联合作业,车站值班员、助理值班员、司机、货运检查员等岗位协同作业,是多个部门、多重作业的汇集之地。结合部是管理松散、矛盾集中、事故多发的系统薄弱环节,因而成为安全管理的重点和难点。

行车作业结合部呈现多重作业、多元集合、多级传递、多方受控等特点,一定要防范工序脱节、失调,管理部门推诿、扯皮,信息传递延误、中断、错误等现象,服从大局、服从整体。结合部管理实质上是一种横向管理,是协调不同部门和工种之间横向关系的一种手段——联合控制(联控)。行车系统使用车机联控以及配套设施设备进行联控,有效防范车站错误办理接发列车作业。

二、行车作业人身安全通用规定

根据《铁路安全管理条例》《技规》《铁路车站行车作业人身安全规定》的要求,车站有关人员应遵守以下人身安全通用标准。

1. 班前禁止饮酒。班中按规定着装,佩带防护用品。

只有接班前充分休息,才能保持生理、心理健康,体力充沛、精神饱满、动作准确,严格按照"两纪一化"的要求进行作业。

酒类中含有乙醇,较大量的乙醇可使人手脚震颤、行动笨拙、反应迟钝、自言自语、步履蹒跚。紧张繁忙的行车工作,要求当班人员必须头脑清醒,严禁饮酒。

有关行车人员要穿戴规定防护服,佩戴安全带,不得穿硬底鞋或拖鞋。

2. 顺线路走时,应走两线路中间,作业人员及所携带的工具不得侵入机车车辆限界,并注意邻线的机车车辆和货物装载状态。严禁在道心、轨枕头上行走。不准脚踏钢轨面、道岔连接杆、尖轨、辙叉心等。

站内线路的线间距最小距离是 4 600 mm(换装线除外)。扣除机车车辆限界,包括列车标志 3 600 mm，剩 1 000 mm。作业人员及所携带的工具只能在这 1 000 mm 宽的空间顺线路行走，否则会被机车车辆刮碰。同时还应注意相邻两线的机车、车辆和货物装载状态，防止装载货物突出，车辆“胀帮”，或其他突出物碰伤。在道心、轨枕头上行走时，因轨枕和道砟不平，要经常低头看脚下，很少看前方和留意后方，特别是后方溜放或推送车组声音很小，道心和轨枕头均在机车、车辆限界之内，人能够直接被刮撞。钢轨面、道岔连接杆、尖轨、辙叉心等，踏上时都不能保证人体重心稳定，静止时易于滑倒或崴脚，在道岔转换时更容易将人带倒或把脚夹住。

3. 横越线路时，应一站、二看、三通过，注意左右机车车辆的动态及脚下有无障碍物。

“一站”，要站在不侵入机车、车辆限界的安全处，站住。“二看”，要左看，右看，下看。看清左右有无机车、车辆驶来，看脚下有无绊脚的障碍物，包括地沟等。看清后，再准备横越，即“三通过”。作业不紧张时容易做到，作业紧张时容易忽略。特别是边作业边行走时（如冬季扫雪、清扫道岔等），更要严格执行。

4. 横越停有机车车辆的线路时，应先确认该机车车辆暂不移动，然后在该机车车辆较远处通过。严禁在运行中的机车车辆前面抢越。

“暂不移动”就是要确认在人横越线路这一段时间内，机车、车辆暂无移动可能，诸如没有机车起动前鸣笛、推送车辆试拉等动态。在“较远处通过”，过远会影响作业效率，甚至难于执行而流于形式；过近，又难以保证安全。如果机车、车辆以 5 km/h（即 1.4 m/s）移动，人通过 5 500 mm 线间距离的路程，也按 5 km/h 的速度横越，需要 4 s。这样推算就需要距机车、车辆 5.6 m 以上，再考虑到安全距离和意外影响，则距离还要远些。再者，人员素质、地形地物情况、气候条件等均影响横越线路的速度，所以在执行中一定要预留一段安全距离，方可横越。“抢越”是在运行状态中的机车、车辆前抢先越过，很危险，这样既不可能看清地面情况，如冰雪、障碍物等，也容易因慌忙而造成意外。

5. 必须横越列车、车列（组）时，严禁钻车。应先确认该列车、车列（组）暂不移动，然后由车辆通过台或两车车钩上越过；越过时勿碰开钩销，上下车时要抓紧蹬稳并注意邻线有无机车车辆运行；经车辆通过台越过应从车梯上下车。

钻车是任何时候都要禁止的。无论何种车辆，车底下部距地面的空间很小，车钩处有软管和人力制动机等配件可能挂住衣服等，这样就要延缓横越时间，一旦列车、车列移动，将无法躲闪。

有通过台的车辆（如罐车、客车等），由通过台上越过；没有通过台的车辆，须从两车钩上越过，横越时要抓紧踏稳。根据车型、人的身材不同可以选择牢固的把手和脚踏处。注意不要碰开钩销，否则列车、车列移动时造成软管拉断，列车、车列分离。

6. 严禁在机车车辆底下坐卧，以及钢轨上、轨枕头、道心里坐卧或站立。

上述位置均在机车、车辆限界之内，包括车辆两端、两车连结器下等，在这些地点乘凉、休息、躲避风雨雪都是非常危险的。

7. 严禁扒乘运行中的机车车辆，以车代步。

这里讲的“扒乘”，不是指正常作业需要蹬乘机车车辆，而是指非作业需要搭乘机车、车辆。“以车代步”时，待机车、车辆已经起动后再慌忙扒车随乘到岗位，并且机车、车辆运行的终点一般不是扒乘人要去的地方，这就容易造成超速上下车，很难保证安全。

三、接发列车作业人身安全规定

接发列车作业是指为了保证列车运行的安全，列车接入车站和由车站出发，按照一定的程序办理接发列车的必要作业。

(一)接发列车作业内容

1. 确认区间(闭塞分区)空闲，办理区间闭塞；
2. 准备接车或发车进路；
3. 开放和关闭进站信号或出站信号；
4. 接、交行车凭证(不使用自动闭塞、站间自动闭塞和半自动闭塞时)；
5. 迎送列车及指示发车。

(二)接发列车作业人身安全标准

1. 应熟知站内作业区域、行走径路及两侧相关的设备设施，并随时注意使用情况，如遇设备设施、走行通道发生异状或变化时，应及时通知有关人员并采取安全措施。

接发列车作业人员应熟知站内作业区域、行走径路及两侧相关的一切设备设施，这是最基本的应知应会知识，也是保证人身安全的基础。设备发生异状或变化时，可能是发生事故造成行车设备损坏，或者施工、电气化设备发生故障等对行车作业产生影响，接发列车作业人员在作业过程中，应随时注意观察、瞭望，发现问题后，及时报告有关人员，并采取相应的安全措施。

2. 接发列车时，应站在规定地点，随时注意邻线机车车辆动态。

接发列车时，作业人员要站在《车站行车工作细则》(以下简称《站细》)规定地点，以便于和列车乘务人员联系。《站细》中规定的地点应设在不侵入机车、车辆限界，并便于瞭望的安全地点。在线路之间接发列车时，要随时注意相邻线路的机车、车辆动态；否则，只顾监视本列车，而忽视相邻线路的调车作业、机车出入库等情况，易造成人身伤害。接发列车作业如图 1-1 所示。

图 1-1　接发列车作业

3. 安装、摘解货车列尾主机、中继器，吊起列车尾部软管时，应确认车列暂不移动方可进行作业。

上述作业在机车车辆限界内进行，作业前到作业结束，必须确认机车车辆暂不移动，才能保证安全。

四、调车作业人身安全规定

在铁路运输生产过程中，除列车在车站的到达、出发、通过以及在区间内运行外，凡机车车辆进行的一切有目的的移动统称调车，它是铁路行车工作的基本内容之一。包括为解体、编组列车，摘挂、转场、整场、调移、取送车辆以及机车的对位、转线、出入段等目的而使机车车辆在站线或其他线路上移动的作业，如图 1-2、图 1-3 所示。

图 1-2　调车作业安撤铁鞋

图 1-3　调车作业中

1. 必须熟知调车作业区的技术设备、作业环境和作业方法，以及接近线路的一切建(构)筑物的形态和距离。

调车作业人员作业时，如不熟悉线路附近的设备，随时可能发生危险。每个车站都应让调车人员熟悉设备情况和了解发生变化的情况，这是调车作业的基础。如线路有效长、容车数、坡度、弯道、道岔的定位与反位，以及接近线路的水鹤、信号机、仓库、煤台、房舍等。特别是遇有风、雨、雪、雾等不良天气时，更应注意。调车作业项目变化大，影响因素多，作业人员只有熟知调车作业方法，才能适应复杂多变的作业，才能与本组内其他人员配合默契，并在发生特殊情况时能采取应变措施。

2. 上下车时必须遵守以下规定。

(1)上车时，车速不得超过 15 km/h；下车时，车速不得超过 20 km/h。

按照惯性原理，调车人员上车时，必须使自己顺车跑动的瞬时速度大于当时运行的机车、车辆的速度。一般人快步跑能使上车时的速度略高于 15 km/h，即 4 m/s。车速再高时，人有可能跟不上而出现拖、拉危险。下车时要沿着机车车辆运行方向顺跑，车速超过 20 km/h时，落地后的人来不及加快自己的瞬时速度，会造成摔伤。

(2)在高度不超过 1.1 m 的站台上上下车时，车速不得超过 10 km/h。

在高度不超过 1.1 m 的站台上上下车时，因站台面高，作业人员不能用脚蹬上下车，不好掌握平衡，因此要较平地适当降低速度，根据多年的实践经验，统一定为 10 km/h。

(3)在路肩窄、路基高的线路上和高度超过 1.1 m 的站台上作业时，必须停车上下。

在路肩窄、路基高的线路上进行调车作业时，上下车根本无法助跑。在超过 1.1 m 的站台处，脚蹬在站台下边，如利用扶手上下车极不安全，加上站台货物堆放距离较近，所以要停车上下。

(4)登乘内燃、电力机车作业时，必须在机车停稳时再上下车(设有便于上下车脚蹬的调车机车除外)。

利用内燃、电力机车作业时，因没有便于调车作业的上下车脚蹬、扶手，因此要求作业时，必须机车停稳再上下车。

(5)上车前应注意脚蹬、车梯、扶手，平车、砂石车的侧板和机车脚踏板的牢固状态。

严格遵守，尤其对杂型车辆更须注意，以免脚蹬、车梯、扶手脱焊、扭曲，及平车、砂石车侧板搭扣未扣牢，将人摔伤或压伤。

(6)上下车时要选好地点，注意地面障碍物。不准迎面上车。不准运行中反面上下车(牵出时最后一辆及《站细》等规定的除外)。

迎面上车不能助跑，上车时手脚一齐伸，这样的上车方法，只要手脚有一处失误，就有坠车的危险。

调车作业中，调车司机只凭调车长的信号显示行进或停车，调车人员应在调车长一边，正确及时显示信号。调车长还要负责调车人员的人身安全，如在反面上下车，万一发生问题，调车长无法照顾，也不便于显示。所以不准反面上下车，牵出时最后拿车提钩人员给牵出信号后，确认车辆全部起动，再跑一个车的距离远上车。如确有困难，允许牵出时最后一辆除外。

3. 在车列、车辆运行中，禁止下列行为。

(1)在车钩上，在平车、砂石车的端板支架上坐立，在平车、砂石车的边端站立。

在车列、车辆走行中，特别是牵出运行时，随时有加减速或停车的可能，人在车钩上及平车、砂石车的边端或端板支架上坐立，容易从车上摔下或挤伤。

(2)在棚车顶或装载超出车帮的货物上站立或行走。

在车列、车辆走行中，经常出现加减速、停车或经过道岔、弯道时左右摇摆，在棚车车顶或装载超出车帮的货物上站立或走行，随时有被摔下的可能以及被上部建筑刮下的危险。

(3)手抓篷布或捆绑货物的绳索，脚蹬平车鱼腹形侧梁。

在车列、车辆走行中，手抓篷布或捆绑货物的绳索，万一捆绑不牢或折断，人就会摔下致伤。脚蹬鱼腹形侧梁，梁边较窄，平车面上又无扶手，人身安全无保障。

(4)在车梯上探身过远，或经站台时站在低于站台的车梯上。

在车梯上探身过远，经过信号机、水鹤、仓库、煤台等处，容易造成挤伤或被刮下，经过站台时，因站台距线路中心线 1 750～1 850 mm，而机车、车辆限界一侧为 1 700 mm(不含列车标志)，这样车轴与站台的间隙只有 150～250 mm。如果作业时，站在低于站台的车梯上，将被挤伤。

(5)在装载易于窜动货物的车辆间和货物空隙间站立或坐卧。

在装载易于窜动货物的车辆间和货物空隙间站立或坐卧，如加减速或连挂冲撞，容易造成货物窜动或倒塌，将人挤伤或被货物砸伤。

(6)骑坐车帮。

车辆术语中的侧墙和端墙，车站行车人员惯称“车帮”。一般在取送作业或牵出距离较远时，少数人偷闲，骑坐在车帮，运行中，如有加减速、停车或经过道岔区摆动时，因无扶手，极易摔下。

(7)跨越车辆。

车列、车辆运行中，跨越车辆，一旦失足，人将会从两车钩间摔下。遇到司机撂闸或经过道岔处左右摇摆，也容易摔下。

(8)两人及以上站在同一闸台、车梯及机车一侧脚踏板上。

闸台面积较小，两人同站一闸台拧闸时，既不好用力，又站立不稳。车梯及机车一侧踏板上，不能两人站立，应分散在脚踏板的两端，不要接近车钩，以防一旦发现前方有危及安全的情况时，下车不及。

(9)进入线路提钩，摘结制动软管或调整钩位。

作业中遇钩提不开，制动软管未摘，或钩位不正、钩销不良等情况时，应停车处理。在运行中，作业人员边走边进行上述作业是极危险的行为。因为一方面要处理车钩或制动软管，一方面还要注意脚下障碍物或冰雪，往往顾此失彼，一旦失足，便有伤亡之危险。

4. 手推调车时，必须在车辆两侧进行，并注意脚下有无障碍物。

手推调车时，推车人员应在车辆两侧进行，不得立于两钢轨之间。立于线路中间推车，道砟轨枕高低不平，人容易摔倒，在车辆两侧进行，也应注意脚下有无障碍物，以防绊倒。

5. 在电气化铁路区段，接触网未停电、未接地的情况下，禁止到车顶上调车作业。在带电的接触网线路上调车时，作业人员及所携带的工具等须与接触网高压带电部分保持 2 m 以上的距离。

接触网带电部分有 25 kV 的高压电，为保证人身安全应保持 2 m 以上的安全距离，以防触电。接触网导线有最大弛度时，距离的最低高度，编组站、区段站为 6.2 m，区间和中间站只有 5.7 m。根据我国铁路各种货车人力制动机踏板台的高度，再加上要保持 2 m 的安全距离，所以在带电接触网的线路上进行调车作业时，就要作一些限制。编组站、区段站禁止使用棚车上的手闸，在敞车上使用手闸制动时，不准踏在高于人力制动机踏板台的车帮上或货物上拧闸；在区间和中间站上，棚车和敞车上的手闸都禁止使用。只有这样才能保证调车作业人员安全。

6. 去岔线、段管线或货物线调车作业，须事先派人检查线路大门开启状态及线路两侧货物堆放情况；事先派人检查有困难时，应在《站细》中规定检查确认办法。

为了保证作业安全，去岔线、段管线或货物线调车作业时，须事先指派专人检查线路，掌握薄弱环节。如经过无人看守的道口、道岔要注意瞭望，提高警惕，检查有无障碍物；检查大门开启状态，装卸的货物是否侵入限界，夜间作业没有照明、地形条件复杂，更应特别注意。如事先派人检查有困难（专用线走行距离太远），应在《站细》中规定检查确认办法，例如采取以遇到情况随时可以停车的速度运行、边走边检查等方法。

7. 带风作业时，必须执行一关（关折角塞门）、二摘（摘制动软管）、三提钩的作业程序。

带风作业时，必须按规定顺序作业，以防因未关闭折角塞门而摘制动软管时，由于风压冲击，使制动软管剧烈摆动，将人打伤。

8. 摘结制动软管(图 1-4)、调整钩位、处理钩销、采取或撤除防溜措施时，必须等列车、车列(组)停妥，并得到调车长的回示，昼间由调车长防护，夜间必须向调车长显示停车信号。

图 1-4　摘结软管

(1)调车人员须确认列车、车列(组)停妥，得到调车长同意，并使用无线调车灯显设备发出“紧急停车”指令后，方可进入车档。调车长进入车档作业时，由其本人向司机显示（发出）停车信号进行防护。

（2）使用手信号调车时，调车长须向司机显示停车信号进行防护后，方可同意作业人员进入车档；调车长得到所有作业人员均已作业完毕的汇报后，方可撤除防护。

需要摘结软管、调整钩位、处理钩销、采取或撤除防溜措施时，都须进入两车间进行，危险性较大，运行中进行处理危险性更大，因此必须等车辆确已停妥，并向调车长显示停车信号，确认调车长已进行防护，以免误动，危及人身安全。

9. 调整钩位、处理钩销时不要探身到两车钩之间。对平车、砂石车、罐车、客车及特种车辆，应特别注意端板支架、缓冲器、风挡及货物装载状态。

此条规定，主要是避免被挤伤。

10. 溜放调车作业应站在车梯上，一手抓牢车梯，一手提钩，不准用脚提钩或跟车边跑边提钩（驼峰调车作业除外），严禁在车列运行中抢越线路去反面提钩。

溜放调车作业时，起速快，要求提钩时机准确，所以要求一手抓牢车梯，一手提钩。不准用脚提钩（下作用钩不易提开）或跟车边跑边提钩。遇到提不开时，严禁在车列走行中抢越线路去反面提钩，以防脚下障碍将人绊倒。

11. 使用人力制动机时（在静止状态下，站在地面或低于车钩中心水平线的人力制动机闸台上使用时除外），必须使用安全带。要做到“上车先挂钩”“下车先摘钩”。不能使用安全带的车辆，如平车、砂石车、罐车等，作业时必须选好站立地点。

闸盘上危险性大，松闸时，由于手闸回弹力较大，易将双手甩脱。运行中，司机撂闸或连挂时冲撞，如不挂安全带容易将人摔下。平车、砂石车使用人力制动机时，不能挂安全带，因闸杆位置低，安全带不起作用，必须站在车内制动。如装载窜动货物必须有安全距离，要稳妥连挂或不得连挂，才能保证安全。罐车等虽有通过台，也要选好站立地点。

12. 严禁使用折角塞门放风制动。

运行中使用折角塞门放风制动，往往制动力大，产生冲动；而使用放风阀时，作业人员无牢靠的站立地点，容易摔下，严重的还可能造成车轮擦伤及将车钩拉断等情况。停留车采用放风制动时，副风缸内的余风容易泄漏，停留时间稍长起不到制动作用，容易造成车辆下溜。

13. 使用铁鞋制动时，应背向来车方向，严禁徒手使用铁鞋，并注意车辆、货物状况和邻线机车车辆的动态。严禁带铁鞋叉子上车。

使用铁鞋制动时，应背对来车方向，禁止反手持叉下鞋，以免车辆撞击铁鞋叉的把手造成人身事故。严禁徒手使用铁鞋，以免挤伤手指或碰伤头部。并应注意车辆及货物的装载状态，留心邻线机车车辆的行动，以免发生危险。严禁带铁鞋叉上车，因为带叉上车容易绊住人，另外铁鞋制动要求提前上岗，不准以车代步。

14. 严禁在运行中的机车前后端坐卧。

机车运行时，前方进路的确认由机车司机负责，调车人员严禁在机车前后端坐卧，一则夜间易昏昏欲睡，二则一旦遇到意外情况，如道口交通肇事等，来不及下车。

15. 使用折叠式人力制动机时，须在停车时竖起闸杆，确认方套落下，月牙板关好，插销插上后方可使用。

车辆运行中做准备工作困难较大，动作危险，时间短。因此，使用折叠式手闸应在停车中做好准备，将闸杆竖起固定，检查方套铁、月牙板、插销是否良好（如有异状，禁止使用），将方套落下，月牙板关好，插上插销方可试闸，以免使用时手闸歪倒，将手挤伤，或连人从车上摔下。

16. 作业中严禁吸烟。

调车作业中吸烟不安全，易于造成火灾。作业中吸烟，风吹烟灰眯眼、烧嘴，容易造成信号瞭望中断、错提、撞车等。对人身安全危害更大的是，因看不清上、下车地点，选择位置不当等而被摔伤。

第三节　其他安全规定

一、电气化铁路人身安全规定

（一）牵引供电系统

电气化铁路由电力机车（或动车组）和牵引供电系统两大部分组成，将电能从电力系统传送给电力机车的电力装置总称电气化铁路的供电系统，又称牵引供电系统，主要由牵引变电所和接触网组成。牵引变电所将电力系统输电线路电压从 110 kV（220 kV）降到 27.5 kV，经馈电线将电能送至接触网。

接触网是向电力机车直接输送电能的设备，电力机车升弓后便可从其取得电能，用以牵引列车。沿着铁路线的两旁架设一排支柱，上面悬挂着金属线，即为接触网。

牵引供电构成的回路是：牵引变电所－馈电线－电力机车－钢轨和大地－回流线－牵引变电所，如图 1-5 所示。

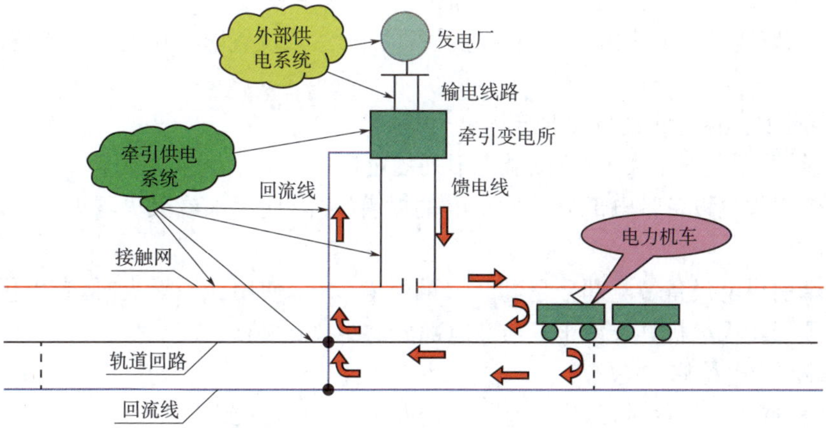

图 1-5　牵引供电系统示意

接触网额定电压为 25 kV，最高工作电压为 27.5 kV，短时（5 min）最高工作电压为 29 kV，最低工作电压为 19 kV（高速铁路为 20 kV）。

（二）电气化铁路有关人员安全规定

1. 一般安全规定

为保证人身安全，防止电气化铁路发生触电伤害事故，要严格执行《电气化铁路有关人员电气安全规则》，认真做好安全检查、教育和宣传工作。

所有接触网设备，自第一次受电开始，在未办理停电接地手续之前，均按有电对待。

(1)为保证人身安全,除牵引供电专业人员按规定作业外,任何人员及所携带的物件、作业工器具等须与牵引供电设备高压带电部分保持 2 m 以上的距离,与回流线、架空地线、保护线保持 1 m 以上距离,距离不足时,牵引供电设备须停电。

(2)在距牵引供电设备高压带电部分 2 m 以外,与回流线、架空地线、保护线 1 m 以外,临近铁路营业线作业时,牵引供电设备可不停电,但须按照铁路营业线施工安全管理有关规定执行。

(3)机车、动车及各种车辆上方的接触网设备未停电并办理安全防护措施前,禁止任何人员攀登到车顶或车辆装载的货物上。

(4)电气化区段上水、保洁、施工等作业,不得将水管向供电线路方向喷射,站车保洁不得采用向车体上部喷水方式洗刷车体。

(5)牵引供电设备故障时,与牵引供电设备相连接的支柱、接地引下线、综合接地线等可能出现高电压,未采取安全措施前,禁止与其接触,并保持安全距离。

(6)发现牵引供电设备断线及其部件损坏,或发现牵引供电设备上挂有线头、绳索、塑料布或脱落搭接等异物,均不得与之接触,应立即通知附近车站,在牵引供电设备检修人员到达未采取措施以前,任何人员均应距已断线索或异物处所 10 m 以外。

(7)牵引供电设备支柱及各部接地线损坏,回流吸上线与钢轨或扼流变连接脱落时,禁止非专业人员与之接触。

(8)站内和行人较多的地段,牵引供电设备支柱在距轨面 2.5 m 高处均要设白底黑字"高压危险"并有红色闪电符号的警示标志。禁止借助接触网支柱搭脚手架,必须借助接触网支柱登高时,必须有供电专业人员现场监护。

(9)天桥、跨线桥靠近或跨越牵引供电设备的地方,须设置防护栅网。防护栅网安设"高压危险"标志。

2. 电气化铁路附近消防安全规定

电气化铁路附近发生火灾时,须遵守下列规定:

(1)距牵引供电设备带电部分不足 4 m 的燃着物体,使用水或灭火器灭火时,牵引供电设备必须停电。

(2)距牵引供电设备带电部分超过 2 m 的燃着物体,使用沙土灭火时,牵引供电设备可不停电,但须保持灭火机具及沙土等与带电部分的距离在 2 m 以上。

3. 接触网带电检修有关规定

站内接触网带电检修时,除应按有关规定办理外,还应做到:

(1)尽量不使列车通过带电检修接触网。

(2)配合接触网工区派往行车室的防护人员,作好安全防护。

(3)在检修作业时间内,如需使用该线路时,要提前通知防护人员,待确认检修作业确已停止,有碍行车的人员和工具确已撤离方可使用。

二、劳动安全规定

(一)劳动防护用品

1. 概念

劳动防护用品就是劳动者在劳动过程中为防御物理、化学、生物等有害因素伤害人体而穿戴和配备的各种物品的总称。劳动防护用品又称劳动保护用品或个人防护用品。

劳动防护用品是劳动安全工作的重要组成部分。当技术措施尚不能消除生产过程中的危险和有害因素,达不到国家标准或有关规定时,或不能进行技术改造时,穿戴劳动防护用品就成为既能完成生产任务又能保证劳动者安全和健康的唯一手段,也是保护劳动者安全和健康的最后一道防线。

货检人员严格执行班中按规定佩带防护用品。

2. 分类

(1)头部防护用品

生产过程中伤害头部的主要因素有物体打击伤害、高处坠落伤害、机械伤害、污染毛发(头皮)伤害。

按防护功能分为普通(一般)防护帽,防尘帽,防水帽,防寒帽,安全(防冲击)帽,防静电帽,防高温帽,防电磁辐射帽,防昆虫帽和其他头部防护用品。

(2)呼吸器官防护用品

生产过程中伤害呼吸器官的主要因素有生产性粉尘和生产性有害物。

按防护功能分为防尘口罩,防毒口罩(面具),防酸碱口罩,给氧装备和其他呼吸器官防护用品;按形式又可分为过滤式和隔离式。

(3)眼面部防护用品

常见的生产过程中眼面部伤害主要有异物性眼伤害、化学性眼(面)伤害、非电磁辐射眼伤害、电磁辐射眼伤害、微波和激光眼伤害。

按防护功能分为防尘风镜(面罩),防水眼罩,防冲击眼罩(镜),防毒面罩,防高温面罩,防电磁辐射眼镜,防射线眼镜(罩),防酸碱面罩,防风沙面罩,防强光眼镜(面罩)和其他眼面部防护用品。使用较普遍的有三种,即焊接护目镜和面罩、炉窑护目镜和面罩、防冲击眼护具。

(4)听觉器官防护用品

生产过程中对听力的损害因素有机械性噪声、空气动力性噪声、电磁性噪声。

按防护功能分为防水耳塞,防寒耳塞,防噪声耳塞(罩)和其他听觉器官防护用品等;按形式又可分为耳塞,耳罩和防噪声头盔。

(5)手部防护用品

生产过程中对手部的伤害因素是多种多样的,大致可归纳为火与高温、低温、电磁与电离辐射、电、化学物质、撞击、切割、擦伤、微生物侵害以及感染等。

按防护功能分为普通(一般)防护手套,防水手套,防寒手套,防毒手套,防静电手套,防高温手套,防射线手套,防酸碱手套,防油手套,防振手套,防切割手套,绝缘手套和其他手部防护用品。

(6)足部防护用品

生产过程中对足部的伤害因素主要有重物、锐利物品、高温、低温、化学物质、电、静电等。

按防护功能分为防尘鞋,防水鞋(靴),防寒鞋(靴),防冲击鞋(盖),防静电鞋,防高温鞋(靴),防酸碱鞋(靴),防油鞋(靴),防烫脚盖,防滑鞋,防穿刺鞋(靴),电绝缘鞋(靴)和其他足部防护用品(防振鞋)。

(7)躯干防护用品

生产过程中对躯干的伤害因素主要有高温、强辐射热、低温、电磁与电离辐射、化学物质、电、静电等。

躯干防护用品就是通常讲的防护服。根据防护功能分为普通(一般)防护服,防水服,防寒服,防毒服,防静电服,防高温服,防电磁辐射服,防酸碱服,防油服,防昆虫服,防风沙服,阻燃服,防砸背心,水上救生衣和其他防护服(带电作业屏蔽服和反光标志服、背心)。

(8)皮肤防护用品

生产过程中对皮肤的伤害因素主要有高温、低温、紫外线、化学物质等。

根据防护功能分为防毒,防射线,防油,其他皮肤防护用品。

(9)其他劳动防护用品

根据防护功能分为防高温的遮阳伞,防坠落的安全带(绳)和安全网,水上救生圈(筏、艇),电绝缘地板,防滑垫,其他。

(二)暑期劳动安全

高温天气来临前,组织对高温天气作业人员进行健康检查,对患有心、肺、脑血管性疾病、肺结核、中枢神经系统疾病及其他身体状况不适合高温作业环境的人员,应当调整岗位。

高温期间,按照“干两头、歇中间”的原则,调整作业时间,增加高温工作环境下作业人员休息时间、减轻劳动强度、减少高温时段室外人力作业。

作业场所应备有清凉饮料和防暑药物,配备应急救援人员,制定中暑抢救预案。

作业中,根据工作条件和作业特点,采取通风、防晒、降温等防暑措施。

对作业机具的防风、防雨、防雷、防触电设施进行全面检查、维护,使其保持状态良好。

(三)冬季劳动安全

1. 冰冻及霜雨雪天气,作业前要及时清扫作业场地、通道、扶梯、车辆篷布和货物上的冰雪,道路上撒垫炉灰、锯末、融雪剂等防滑物品。在铁底敞车内作业时亦应采取防滑措施。

2. 车辆、装卸机械的梯子、扶手、踏板应采用防滑材料(结构)或采取防滑措施。冰雪天气作业前,应及时清除机械走行平台、踏板处的冰雪。

3. 冬季室外作业人员的防寒帽应留有透音耳孔,使用铁柄工具须戴手套或包扎棉布,班组间休室要有取暖设施,禁止采用电炉取暖。

4. 冰雪天气,上下机车车辆、站台,应采取防滑措施,禁止高速行驶或沿站台边行驶。内燃机械启动前,要预热,防止损伤机件。

5. 雪雾霾天作业时,防护信号牌(灯)模糊不清须及时擦拭或设专人防护;起重指挥信号识别不清时,停止作业。

(四)《铁路货运检查管理规则》有关劳动安全的规定

1. 货检作业时,应采取有效的防护措施,确保货检人员的人身和作业安全。

2. 相邻线路通过机车车辆时,作业人员应提前暂停作业。

3. 电气化区段作业时,应按有关规定办理。

4. 严格执行劳动安全的有关规定。

5. 在列整理时,应先确认货物装载加固状态及车门的关闭状态,确保安全后再进行作业。

6. 检查装有易燃易爆等危险货物的货车时,严禁明火接近、敲打罐体或进入车(罐)内。

第二章　铁路线路、车站与信号设备

第一节　铁路线路的组成

一、路　　基

路基是轨道的基础，是铁路线路的重要组成部分。它直接承受轨道的重量，承受轨道传来的机车车辆及其荷载的压力。路基的质量影响着线路的质量，因此路基必须填筑坚实，并保持干燥、稳定和完好状态，以保证运输安全、畅通。

（一）路基的横断面形式

垂直于线路中心线的路基断面，称为路基横断面。路基的横断面形式有六种，如图 2-1 所示。

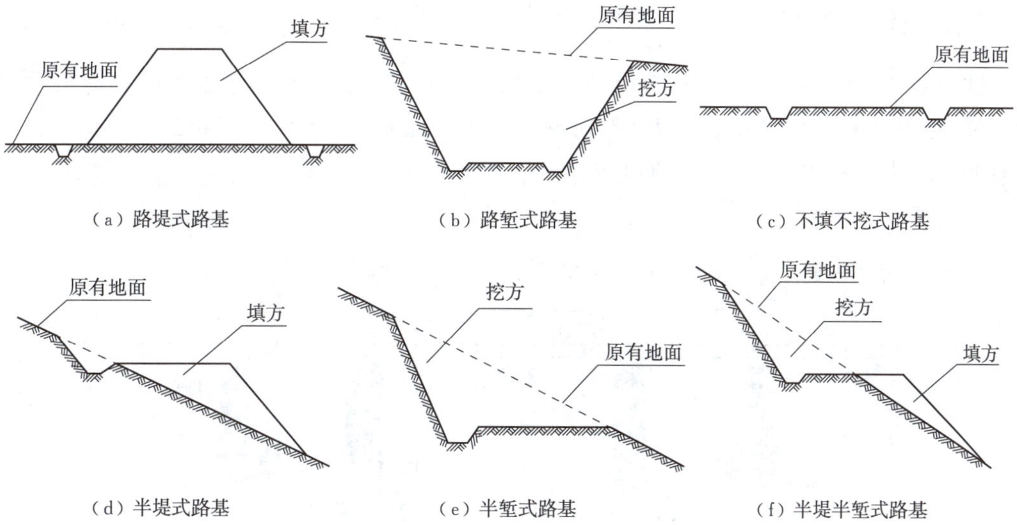

图 2-1　路基横断面形式

（二）路基的组成

路基由路基本体、排水建筑物及防护建筑物组成。路基常见的两种基本形式是路堤和路堑。

1. 路堤

路堤由路基顶面、边坡、护道和取土坑（或纵向排水沟）等组成，如图 2-2 所示。

2. 路堑

路堑由路基顶面、侧沟、边坡、隔带、弃土堆、天沟等组成，如图 2-3 所示。

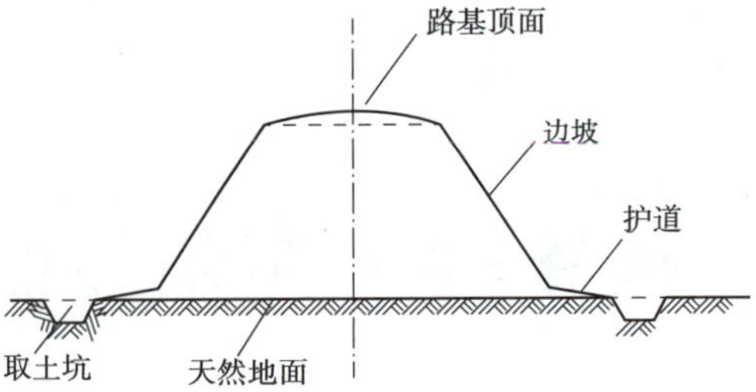

图 2-2 直线地段一般黏性土路堤

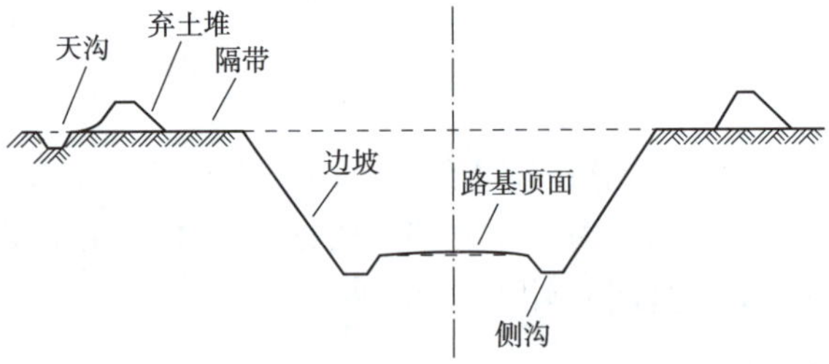

图 2-3 直线地段一般黏性土路堑

路堑的路基顶面形状与路堤的路基顶面形状相同。

二、桥隧建筑物

铁道线路在跨越江河、深谷、公路或其他铁道线时都需修建桥隧建筑物，桥隧建筑物包括桥梁、隧道、涵洞等。在修筑铁路时，桥隧建筑物的投资占整个工程量相当大的比重，大型桥隧的工期也是影响整个工程工期的关键。

（一）桥　　梁

桥梁主要由桥面、桥跨结构、墩台及基础部分组成，如图 2-4 所示。

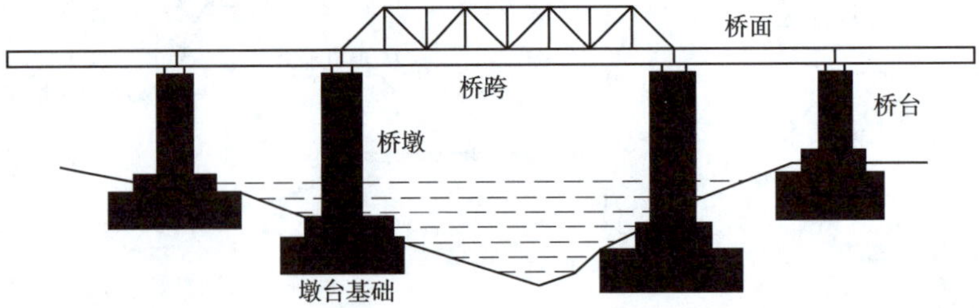

图 2-4 跨河桥梁的构造

（二）隧　　道

隧道是修建在地下或水下并铺设铁路供机车车辆通行的建筑物，大多建筑在山中以避免开挖很深的路堑或修筑很长的迂回线，以改善线路条件、节省运营费用。也有为穿越河流或海峡的水下隧道以及为适应铁路通过大城市的需要而在城市地下穿越的城市隧道。

隧道一般由洞门、洞身、附属结构组成。其中附属结构主要包括避车洞、防水设施、排水设施、通风设备(长隧道设置)。

(三)涵　　洞

涵洞是埋设在路堤下部填土中,用以通过水流或行人的建筑物。涵洞主要由洞身、基础、端墙、翼墙和出入口等部分组成,如图 2-5 所示,其孔径一般为 0.75～6 m。洞身埋在路基中,从入口向出口有一定的纵向坡度,以利排水。

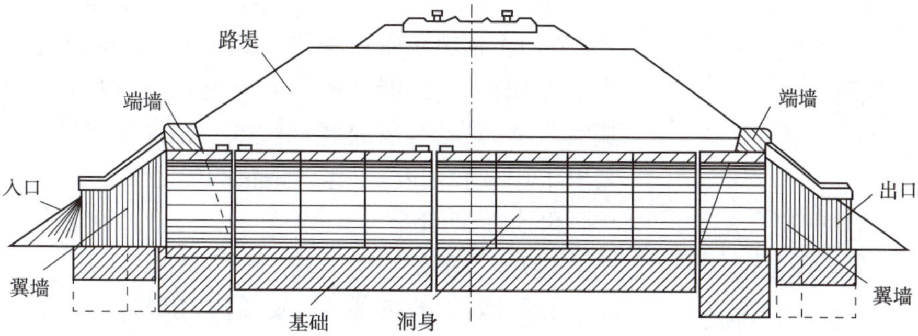

图 2-5　涵洞的构造

三、轨　　道

在路基、桥隧建筑物修成之后,就可以在上面铺设轨道。轨道是各种列车行驶的基础,其作用是引导列车运行,直接承受车轮的动压力,并传到路基、桥梁和隧道等基础结构上。轨道是一个整体性工程结构,主要由钢轨、轨枕、联结零件、道床、防爬设备以及道岔等组成,如图 2-6 所示。

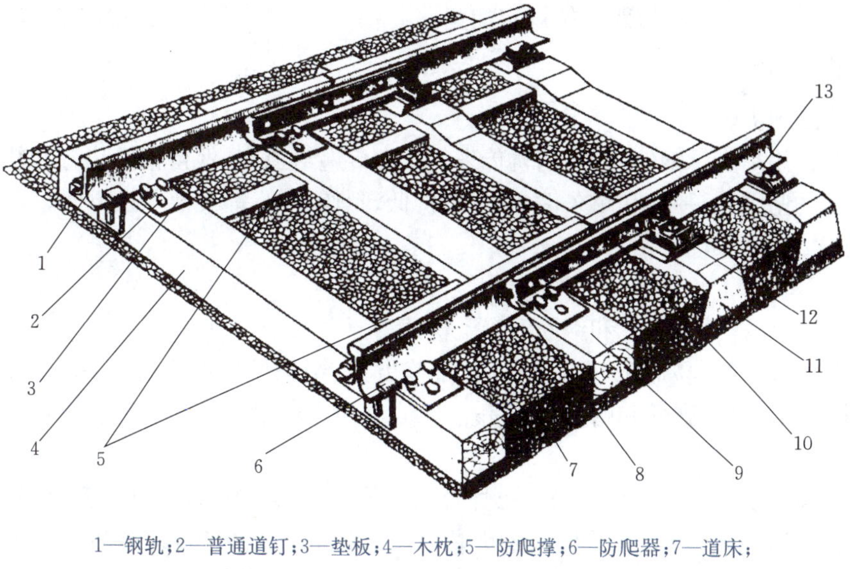

1—钢轨;2—普通道钉;3—垫板;4—木枕;5—防爬撑;6—防爬器;7—道床;
8—双头夹板;9—轨枕头;10—螺栓;11—钢筋混凝土轨枕;
12—扣板式中间联结零件;13—弹片式中间联结零件。

图 2-6　有砟轨道的基本组成

注:图中扣件是为示例之用,并非现场线路中的实际使用情况。

(一)钢　　轨

1. 钢轨的作用

钢轨直接承受并传递机车车辆传来的压力、冲击和振动，引导车轮运行方向；在电气化铁路或自动闭塞区段，钢轨还兼作轨道电路。

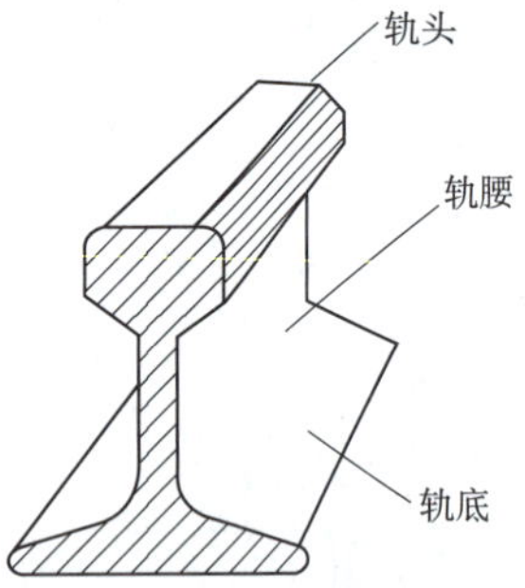

图 2-7　钢轨断面形式

2. 钢轨的断面形式

钢轨的断面形状为“工”字形，由轨头、轨腰和轨底组成(图 2-7)。钢轨头部呈弧形，以适应与轮轨的接触；应有足够的面积和厚度，能够耐磨并具有抵抗挠曲的能力。轨腰应有足够的高度，以提高钢轨抵抗挠曲的能力。轨底应有足够的厚度和宽度，以保证钢轨的稳定性。

3. 钢轨的类型

(1)按质量分

在我国，钢轨的类型(或强度)以每米长度的质量(千克)表示，我国钢轨的主要类型有 75 kg/m、70 kg/m、60 kg/m、50 kg/m 等几种。

(2)按长度分

钢轨长一些可以减少接头的数量，使列车运行平稳并可节省接头零件和线路的维修费用。但是，由于加工条件和运输条件的限制，一根钢轨的轧制长度是有限的。

我国钢轨的标准长度有 12.5 m、25 m、50 m 和 100 m 四种。为了减少焊接接头的数量，高速铁路应尽量采用 100 m 定尺钢轨。此外，还有专供曲线地段使用的标准缩短轨若干种。

轨距是钢轨头部踏面下 16 mm 范围内两股钢轨工作边之间的最小距离。直线轨距标准规定为 1 435 mm，曲线轨距应按规定加宽。

(二)轨　　枕

1. 轨枕的作用

轨枕的作用是支承钢轨，并将钢轨传来的压力传递给道床，保持钢轨位置和轨距。轨枕应具有必要的坚固性、弹性和耐久性，并且造价低、制作简单、铺设及养护方便。

2. 轨枕的类型

(1)按材料分

按材料分，轨枕分为木枕和钢筋混凝土枕两种。

木枕具有弹性好、易加工、铺设与养护维修方便、绝缘性能好等优点，但具有使用寿命短，耗费木材多，强度、弹性和耐久性不完全一致，在机车车辆荷载作用下易出现轨道不平顺等缺点。

钢筋混凝土枕既不受气候、腐朽、虫蛀及火灾的影响，又能保证尺寸一致，使轨道的弹性均匀，且稳定性好、坚固耐用，并可节省大量木材。但和木枕相比较，钢筋混凝土枕有质量大、弹性较差等缺点。

(2)按用途分

按用途分，轨枕主要有普通轨枕、岔枕和桥枕。

岔枕是指用在铁路道岔上的专用轨枕。桥枕是指专门用于桥梁上铺设道岔的轨枕。

(3)按长度分

普通轨枕的长度为 2.5 m 和 2.6 m;道岔用的岔枕和桥梁上用的桥枕,长度为 2.6～4.85 m。

3. 轨枕的铺设

我国的铁路轨道在铺设中,每千米线路上铺设轨枕的数量,应根据运量及行车速度等运营条件确定,一般为 1 km 线路铺设 1 520～1 840 根。轨枕根数越多,轨道强度越大。

4. 高速铁路的轨枕

我国高速铁路铺设的轨枕是宽混凝土轨枕,这种轨枕比普通混凝土轨枕宽而且稍薄,它在线路上是连续铺设的。

(三)联结零件

联结零件分为接头联结零件和中间联结零件两类。

1. 接头联结零件

接头联结零件用来联结钢轨与钢轨之间的接头,包括夹板、螺栓、螺帽、弹性垫圈等,用于把钢轨连接成一个整体。钢轨接头处必须保持一定的缝隙,这一缝隙叫作轨缝。当气温发生变化时,轨缝可满足钢轨的自由伸缩。钢轨接头是线路上最薄弱的环节,它使行车阻力和线路维修费用显著增加,因此它是线路维修工作的重点对象。

2. 中间联结零件

中间联结零件亦称钢轨扣件,其功能是将钢轨紧扣在轨枕之上,并保持其稳固位置,防止钢轨做相对于轨枕的纵、横向移动。

(四)道　　床

道床是铺设在路基面上的石砟(道砟)垫层。

1. 道床的作用

道床主要作用是支承轨枕,把从轨枕上部传来的压力均匀地传递给路基,并固定轨枕的位置,阻止轨枕纵向或横向移动;缓和机车车辆轮对对钢轨的冲击;调整线路的平面和纵断面。

2. 道床材料的要求

道床的材料应当具有坚硬、不易风化、富有弹性并有利于排水的特点。常用的道床材料有碎石、卵石、粗砂等。其中以碎石为最优,我国铁路一般都采用碎石道床。

(五)防爬设备

1. 爬行的概念

列车运行时,常常产生纵向力带动钢轨做纵向移动,有时甚至带动轨枕一起移动,这种纵向移动叫作爬行。轨道爬行经常出现在单线铁路的重车方向(运量大的方向)、双线铁路的行车方向、长大下坡道上及进站前的制动距离内。

轨道爬行往往引起轨缝不均、轨枕歪斜等线路病害,对轨道的破坏性极大,严重时还会危及行车安全。因此,必须采取有效措施加以防止。

2. 防爬设备的种类

常见的防爬设备主要包括防爬器和防爬撑。

(1)防爬器

我国铁路广泛采用穿销式防爬器,如图 2-8 所示。它由带挡板的轨卡和穿销组成。安装时,将轨卡的一边紧紧地卡住轨底，另一边用楔形穿销楔紧，使整个防爬器牢固地卡在轨底上。

（2）防爬撑

为了充分发挥防爬器的抗爬能力，通常在轨枕间还安装防爬撑，把 3～5 根轨枕联结起来组成一组防爬设备，共同抵抗钢轨的爬行。防爬器和防爬撑的安装，如图 2-9 所示。

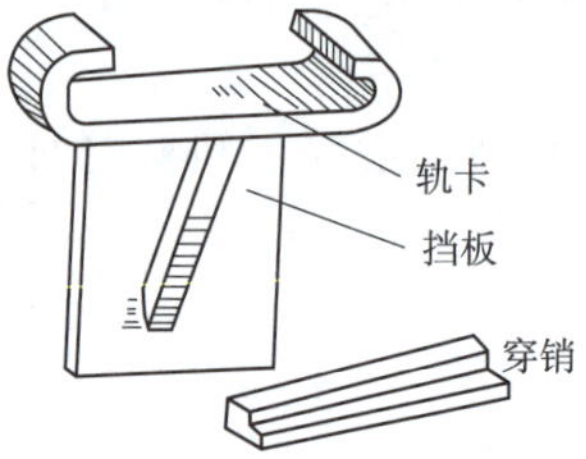

图 2-8　穿销式防爬器

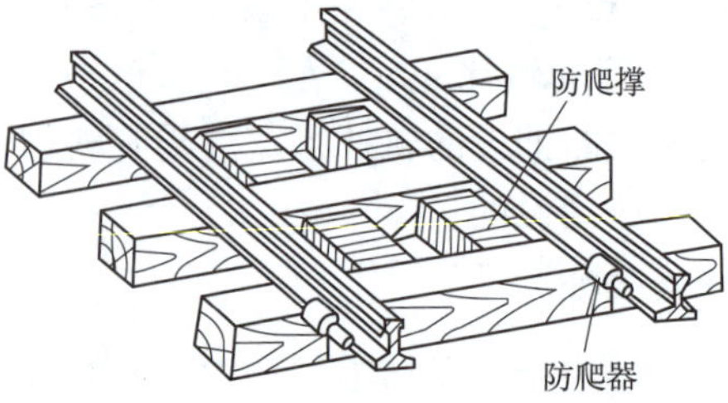

图 2-9　防爬器和防爬撑的安装

（六）道　　岔

道岔是一种使机车车辆能从一股道转入或越过另一股道的线路连接设备，大量铺设在车站内，以满足各种作业需要，最常见的是普通单开道岔。

1. 道岔的组成

道岔主要由转辙器、辙叉及护轨、连接部分组成，如图 2-10 所示。

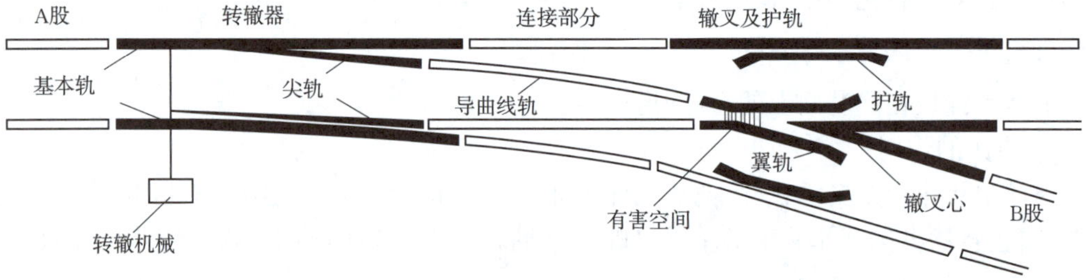

图 2-10　普通单开道岔示意

（1）转辙器

转辙器包括两根尖轨和两根基本轨，是引导机车车辆转线的部分。

（2）辙叉及护轨

辙叉及护轨部分包括辙叉心轨、两根翼轨和两根护轮轨。其作用是保证车轮安全通过互相交叉的两根钢轨。

辙叉心轨两工作边所夹的角 α 称为辙叉角，其交点称为辙叉尖端；两翼轨间的最小距离处称为辙叉咽喉。从辙叉咽喉至辙叉尖端之间有一段轨线中断地带，车轮有失去引导误入异线而发生脱轨事故的可能，因此此处被称为有害空间。为保证车轮在有害空间进入正确的轮缘槽，防止进入异线，通常在辙叉两侧相对应位置的基本轨内设置护轨。

道岔上有害空间的存在是限制过岔速度的一个重要因素，为了消灭有害空间，适应高速行车的要求，国内外都发展了各种活动心轨道岔（图 2-11）。活动心轨道岔是由长心轨、短心轨拼装成的可动心轨和翼轨、叉跟基本轨、帮轨等组合而成的，辙叉心轨和尖轨是同时被扳动的，当尖轨开通某一方向时，活动心轨的辙叉心轨就与开通方向一致的翼轨密贴，与另一翼轨分开，从而消灭了有害空间。不仅避免了车轮对心轨和翼轨的冲击，而且提高了列车直向过岔速度，被广泛用于高速行车的线路上。

(3)连接部分

连接部分是连接转辙器和辙叉及护轨的部分，使之成为一组完整的道岔。它包括两根直轨和两根导曲线轨。在导曲线上一般不设缓和曲线和超高，所以列车在侧向过岔时，速度要受到限制。

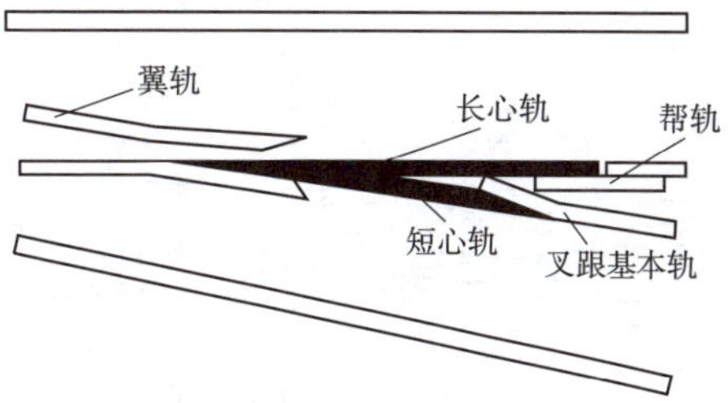

图 2-11　活动心轨道岔

此外，还有操纵尖轨位置的转辙机械及岔枕等。

2. 道岔的种类

(1)单开道岔

单开道岔的组成在道岔的组成部分已经介绍，在此不再赘述。单开道岔数量很多，约占全部道岔数量的 90% 以上。

(2)双开道岔

双开道岔也叫对称道岔，如图 2-12 所示，它由主线向两侧分为两条线路。在构造上，道岔对称于线路的中心线，道岔连接部分有四条导曲线轨而无直轨，所以无直向及侧向之分。

(3)三开道岔

三开道岔如图 2-13 所示，衔接三条线路，有两对尖轨，每对由一组转辙机控制，决定尖轨的位置。连接部分有两根直轨、两对导曲线轨，辙叉及护轨部分有三副辙叉、四根护轨。

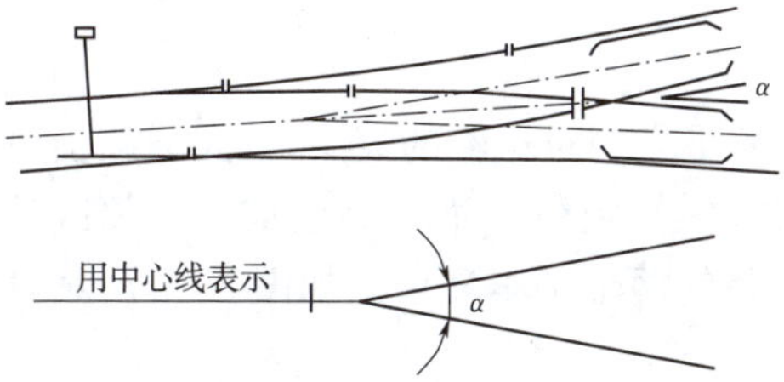

图 2-12　双开道岔

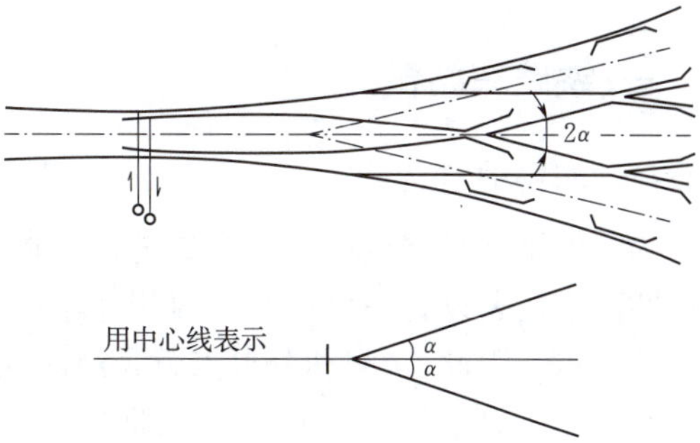

图 2-13　三开道岔

(4)交分道岔

交分道岔如图 2-14 所示，它有四个辙叉，其中两个锐角、两个钝角；有四条导曲线轨和八条尖轨；两根拉杆，每根带动四条尖轨同时动作。

(5)菱形交叉

菱形交叉如图 2-15 所示，它是指一条线路与另一条线路在平面上相交，使机车车辆能跨越运行，且交叉角度小于 90 °的连接设备。锐角辙叉的结构与单开道岔中的辙叉结构基本相同，钝角辙叉分为固定型和可动心轨型两种。菱形交叉可以单独使用，也可以与四组单开道岔组成渡线。

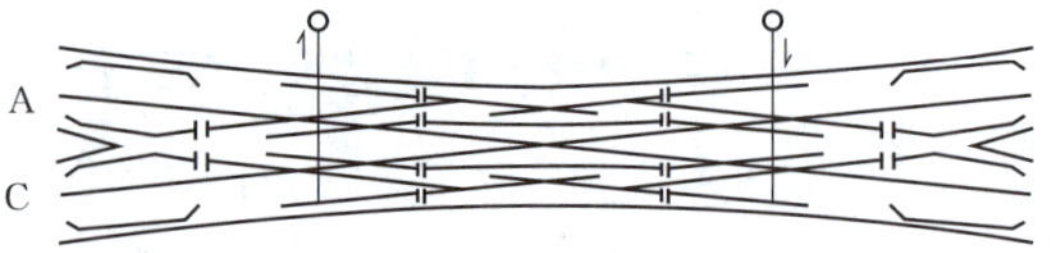

图 2-14 交分道岔

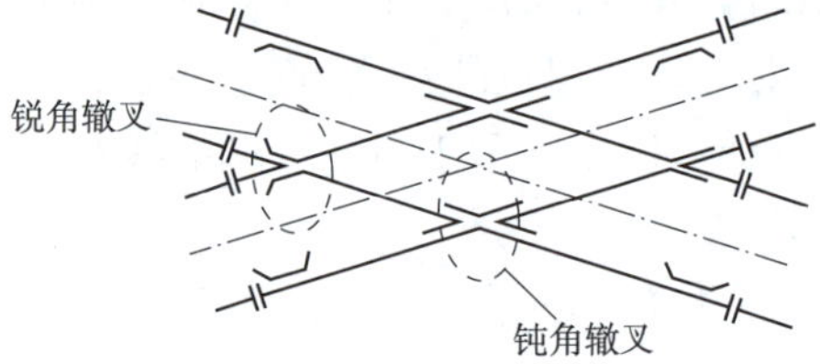

图 2-15 菱形交叉

(6)渡线

为了使机车车辆能从一条线路进入另一条线路,应设置渡线(图 2-16),包括普通渡线和交叉渡线两种。其中,普通渡线设在两平行线路之间,由两副辙叉号数相同的单开道岔及两道岔间的直线段所组成,如图 2-16(a)所示;交叉渡线设在两平行线路之间,由四副普通单开道岔和一副菱形交叉组成,如图 2-16(b)所示。

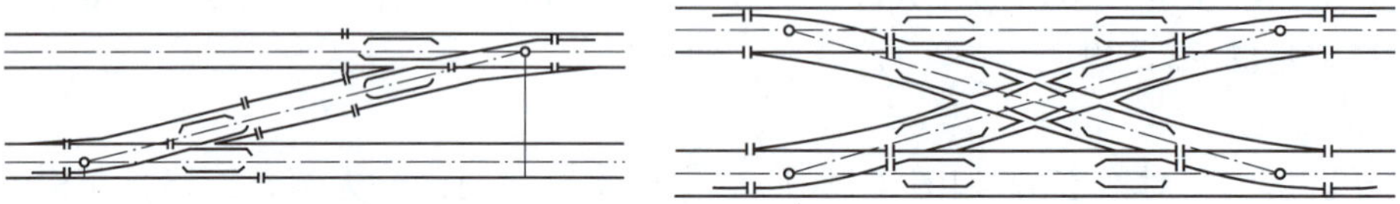

(a)普通渡线　　(b)交叉渡线

图 2-16 渡线

第二节 铁路车站

一、铁路车站概述

(一)车站的定义

为了保证行车安全和必要的线路通过能力,以满足人们对运输的需要,铁路线路上每隔一段距离就需要设置一个车站。两相邻车站间的线路称为区间,而车站就成为相邻区间之间的分界点。因此,区间和分界点就是组成铁路线路的两个基本环节。如图 2-17 所示,甲、乙、丙、A、B、C、D、E、F、G、H 车站都是分界点。

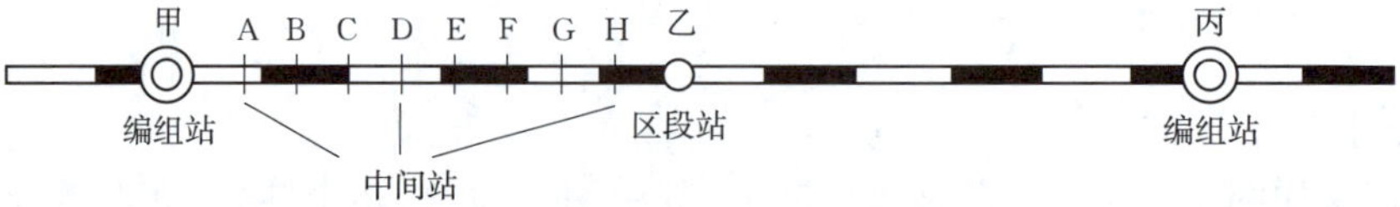

图 2-17 铁路线路车站示意

车站是铁路线上设有配线的分界点。此外,还有无配线的分界点,包括非自动闭塞区段两车站间设置的线路所和自动闭塞区段两车站间划分为若干个闭塞分区处所设置的通过色灯信号机。车站与车站之间的区间称为站间区间(图 2-18),车站与线路所之间的区间称为所间区间(图 2-19),自动闭塞区段上通过色灯信号机之间的段落称为闭塞分区(图 2-20)。

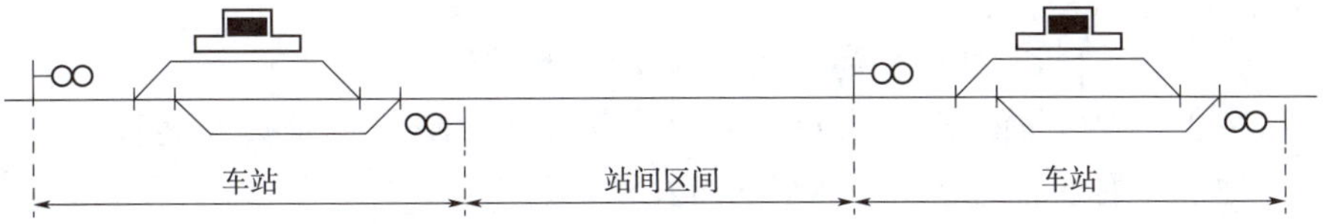

图 2-18　单线铁路站间区间

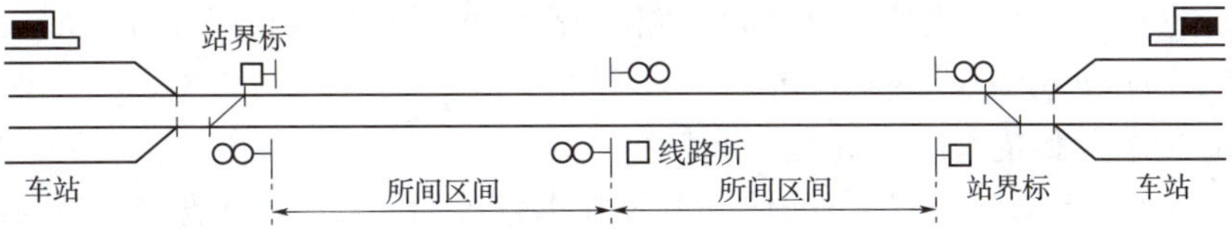

图 2-19　双线铁路所间区间

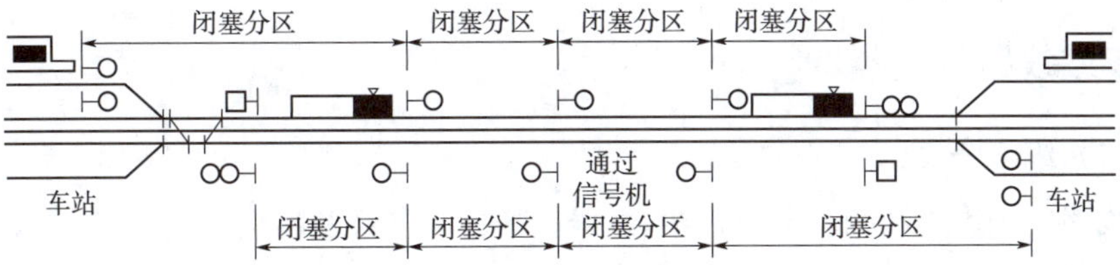

图 2-20　双线铁路闭塞分区

区段是指两相邻技术站间，包含若干个区间和分界点的铁路线段。区段的长度一般取决于牵引动力的种类或路网状况。

(二)车站的作用

车站是铁路运输的基层生产单位，它参与运输过程的主要作业环节，如旅客乘降、售票，行包的托运、交付、保管，货物的承运、装卸、交付和保管，列车的通过、接发、会让和越行，车列的解体和编组，机车换挂、检修和整备，机车和列车乘务组更换，车辆检修等，这些都必须在车站办理。

车站集中了与运输有关的各项技术设备，如客货运业务设备、运转设备，机务、车辆检修设备和信号、通信设备等。车站对提高铁路运输效率和保证运输安全起着决定性的作用。

(三)车站的分类

1. 按业务性质分类

按业务性质分，车站可分为客运站、货运站、客货运站和不办理客货运业务的车站。

客运站是专门办理售票、行李与包裹运送、旅客乘降等客运业务，同时也办理旅客列车的始发、终到，技术检查等行车工作以及客车整备等作业的车站。

货运站是专门办理货物承运、交付、中转、装卸和货物列车到发、车辆取送以及货物联运、换装等作业的车站。

客货运站是既办理客运业务又办理货运业务的车站。我国铁路绝大多数车站都属于客货运站。

此外，路网上还有一部分既不办理客运业务，也不办理货运业务，专为列车交会和越行而设立的车站，称为会让站(单线铁路)和越行站(双线铁路)。

2. 按技术作业性质分类

按技术作业性质分，车站可分为中间站、区段站和编组站。

中间站主要办理列车的接发、会让与越行，摘挂列车的调车作业以及客货运业务。有些中间站还办理市郊列车的折返以及列车的始发和终到作业。

区段站设在机车牵引区段的分界处，它的主要工作是办理货物列车的中转作业、进行机车的更换或机车乘务组的换班以及解体、编组区段列车和摘挂列车。

编组站的主要工作是改编车流，即解体和编组各种货物列车以及机车换挂、整备，乘务组换班，列车的技术检查、车辆检修等。

3. 按客货运量和技术作业量大小分类

无论是哪种车站，按照所担负的任务量及在国家政治、经济中的地位，车站共分为特等站、一等站、二等站、三等站、四等站、五等站六个等级。车站等级是车站设置相应机构和配备定员的依据。

二、车站线路

（一）车站线路分类

车站线路按照用途和归属分为正线、站线、段管线、岔线及特别用途线，如图 2-21 所示。

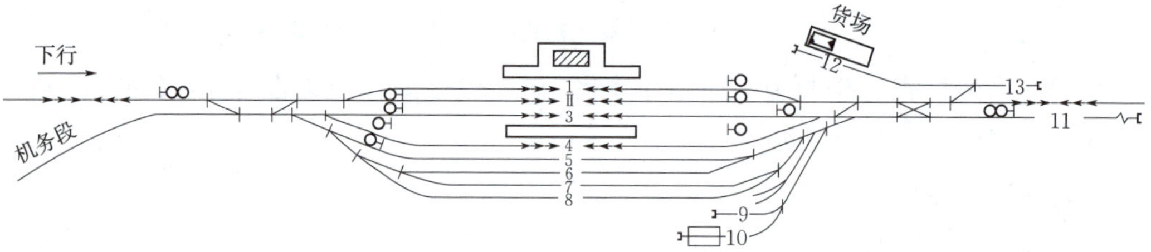

Ⅱ—正线；1、3、4—到发线；5、6、7、8—调车线；9、10—站修线；11、13—牵出线；12—货物线。

图 2-21　车站线路示意

正线是指连接车站并贯穿或直股伸入车站的线路，正线可分为区间正线及站内正线，连接车站的部分为区间正线，贯穿或直股伸入车站的部分为站内正线。

站线主要包括以下几类：

1. 到发线：供接发旅客列车或货物列车使用的线路。
2. 调车线：供解体或编组货物列车使用的线路。
3. 牵出线：供调车机车牵出车列进行解体、编组等调车作业的线路。
4. 货物线：专门办理装卸作业的线路。
5. 其他线路：办理其他各种作业的线路，如机走线、存车线、检修线等。

站内正线及站线由车站负责管理，机车车辆由区间、段管线、岔线等地点进入站内正线或站线时，都应经车站允许。

段管线是指机务段、车辆段、工务段、电务段、供电段等专用并由其管理的线路，如机务段内机车整备线、三角线，车辆段内车辆检修作业用的线路以及工务、电务段内停留轨道车及其他车辆的线路。

岔线是指在区间或站内接轨，通向路内外单位的专用线路。

特别用途线是指为保证行车安全而设置的安全线和避难线。岔线、段管线与正线、到发线接轨时，均应铺设安全线。为防止在长大下坡道上失去控制的列车发生冲突或颠覆，应根据线路情况，在区间或站内设置避难线。

(二)道岔、线路的编号规则

为了作业和维修管理的方便，站内道岔和线路应有统一的编号。同一车站或车场内的道岔和线路不得有相同的编号。

1. 道岔编号规则

(1)用阿拉伯数字从车站两端由外向内依次编号，上行列车到达端用双数，下行列车到达端用单数。

(2)站内道岔，一般以车站站房中心线作为划分单数号和双数号的分界线。

(3)每一道岔均应编为单独的号码，对于渡线、梯线、交分道岔等处的联动道岔，则应编为连续的单数或双数。

(4)当车站有几个车场时，每一车场的道岔必须单独编号，此时道岔号码应使用三位数字，其中百位数字表示车场号码，个位和十位数字表示道岔号码。应当避免在同一车站内有相同的道岔号码。

2. 线路编号规则

站内正线规定用罗马数字编号(Ⅰ、Ⅱ、Ⅲ……)，站线用阿拉伯数字编号(1、2、3……)。

(1)单线铁路车站线路的编号规则

单线车站内的线路，由靠近站房的线路起向站房对侧依次顺序编号；位于站房左、右或后方的线路，在站房前的线路编完后，再由正线方向起，向远离正线方向顺序编号，如图 2-22 所示。

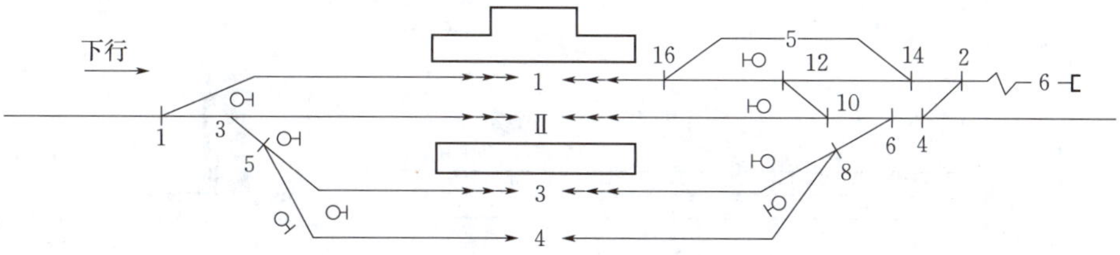

图 2-22　单线铁路车站线路、道岔编号

(2)双线铁路车站线路的编号规则

双线铁路车站内的线路，从正线起按列车运行方向分别向外顺序编号，上行编双数，下行编单数，如图 2-23 所示。

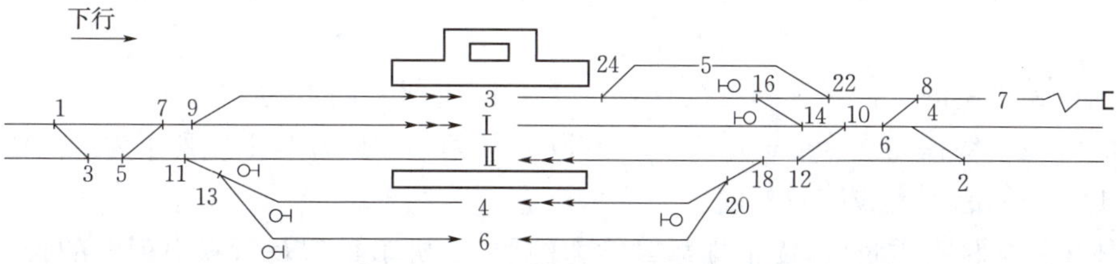

图 2-23　双线铁路车站线路、道岔编号

(3)尽端式车站线路的编号规则

尽端式车站站房位于线路一侧时，从靠近站房的线路起，向远离站房方向顺序编号，如图 2-24(a)所示；站房位于线路终端时，面向终点方向由左侧线路起向右顺序编号，如图 2-24(b)所示。

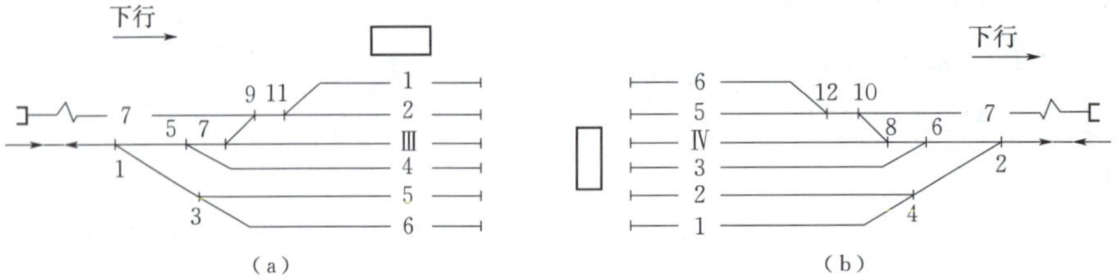

图 2-24　尽端式车站线路、道岔编号

(4)大型车站线路的编号规则

大型车站当有数个车场时，应分别对车场编号。车场靠近站房时，从靠近站房线路起，向站房对侧顺序编号；车场远离站房时，顺公里标前进方向从左向右顺序编号；且在线路编号前冠以罗马数字表示车场，如Ⅱ场 2 道，写为Ⅱ2。

(三)线路有效长

1. 定义

线路有效长是指在线路全长范围内可以停留机车车辆而不妨碍邻线行车道岔转换和信号显示的部分。

2. 影响因素

(1)警冲标。警冲标是信号标志的一种，设在两会合线路线间距离为 4 m 的中间，用来指示机车车辆的停留位置，防止机车车辆的侧面冲撞，如图 2-25 所示。

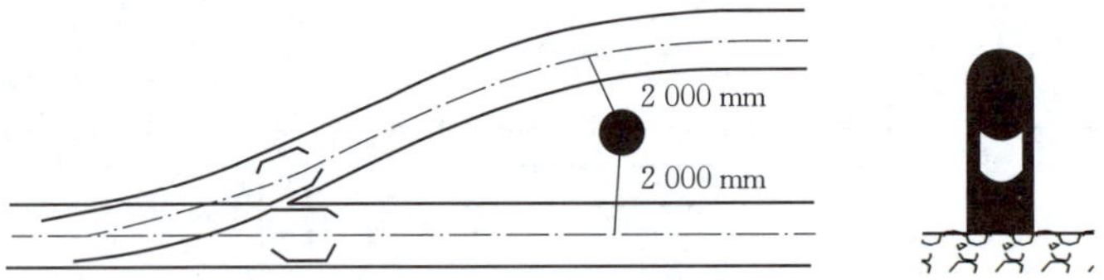

图 2-25　警冲标

(2)道岔基本轨接头处的钢轨绝缘长度(有轨道电路时)或道岔的尖轨尖端长度(无轨道电路时)。

(3)出站信号机(或调车信号机)，是用来指示列车可否进入区间的信号装置。

(4)车挡或挡车器，其中车挡的位置为线路的尽头。

(5)减速器。

我国铁路采用的货物列车到发线有效长度在Ⅰ、Ⅱ级铁路上为 1 250 m、1 050 m、850 m、750 m、650 m；Ⅲ级铁路上为 850 m、750 m、650 m、550 m。以开行重载列车为主的铁路可采用大于 1 050 m 的到发线有效长度。

具体采用何种有效长度，应根据运输能力的要求、机车类型及所牵引列车的长度，结合地形条件，并考虑与相邻铁路区段各铁路到发线有效长度相配合等因素确定。

三、站场布局

(一)中 间 站

1. 中间站的分类

(1)无货场的中间站

无货场的中间站一般只办理列车的通过、会让和越行以及少量的客货运作业，不办理摘挂列车、甩挂车组的作业。该类中间站包括会让站和越行站。

(2)有货场的中间站

有货场的中间站除办理与无货场的中间站同样的作业外，另设有货场，办理摘挂列车、甩挂车组的作业。

2. 会让站和越行站

(1)会让站

会让站设在单线铁路上，主要办理列车的到发和会让，也办理少量的客货运业务。因此，会让站应铺设到发线、配备旅客乘降设备，并设置信号及通信设备、技术办公用房，但没有专门的货运设备。在会让站上，既可以实现会车，也可以实现越行。会让站布置图如图 2-26所示。

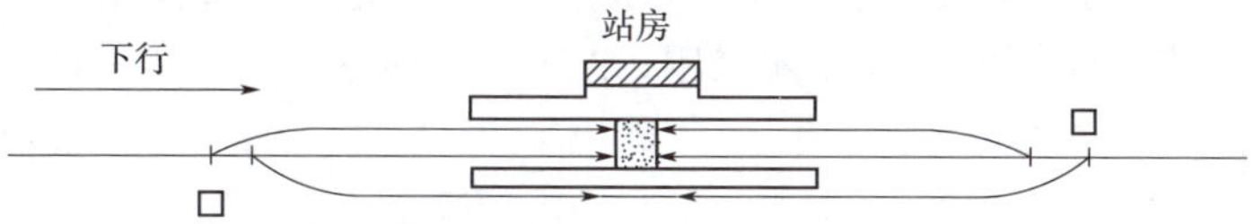

图 2-26 两条到发线的横列式会让站

(2)越行站

越行站设在双线铁路上，主要办理同方向列车的越行业务，必要时办理反方向列车的转线，也办理少量的客货运业务。因此越行站应有到发线、旅客乘降设备、信号及通信设备、技术办公用房等。越行站布置图如图 2-27 所示。

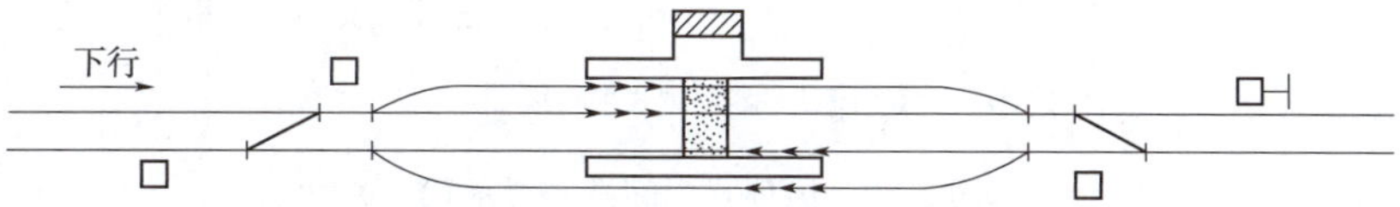

图 2-27 两条到发线的横列式越行站

在正常情况下，双线铁路的每一条正线规定只开行某一方向的列车。车站上的到发线是按方向分别设置的。相对方向运行的列车，在区间内或车站上都可以交会。每一方向等待越行的列车可停在到发线上，不用跨越正线。车站两端设有渡线，在必要时作为调整列车运行方向或车站实行反方向接发列车之用。

3. 中间站布置图

中间站布置图按到发线的相互位置，主要分为横列式和纵列式两种。

(1)横列式中间站布置图

横列式中间站布置图的特点是到发线沿正线横向排列。这种布置图具有站坪长度短、工程投资省、设备布置紧凑、便于管理、到发线使用灵活等优点，因此在中间站上广泛采用此种布置图，如图 2-28 所示。

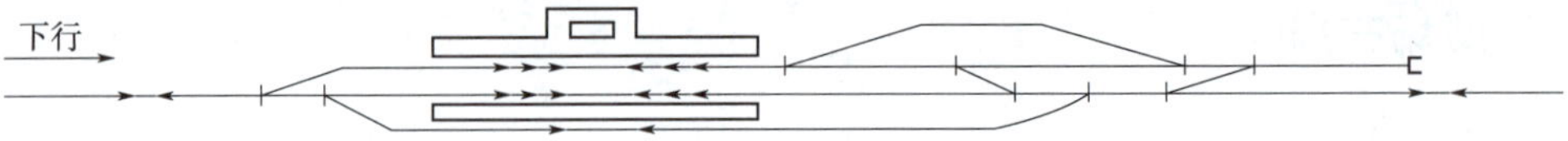

（a）单线铁路横列式中间站

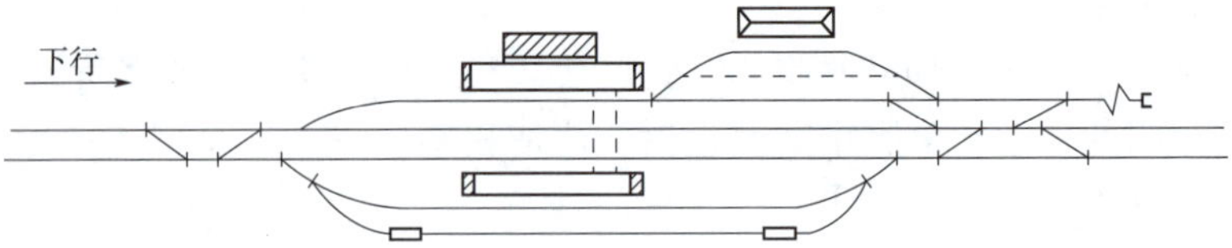

（b）双线铁路横列式中间站

图 2-28　横列式中间站布置示意

(2)纵列式中间站布置图

纵列式中间站布置图的特点是到发线沿正线纵向排列，通常逆运转方向错移一个货物列车到发线的有效长度。纵列式中间站布置图有利于组织列车不停车会车，提高区间通过能力；适应重载列车到发的需要；便于车站值班员与司机交接行车凭证。但这种布置图站坪长度长、工程投资大，且增加了中间咽喉，车站定员多，管理也不方便；车站值班员瞭望信号确认进路不方便，车长与值班员联系工作走行距离长。因此这种布置图利少弊多，一般只在山区因地势陡窄或需组织不停车会让才采用，如图 2-29 所示。

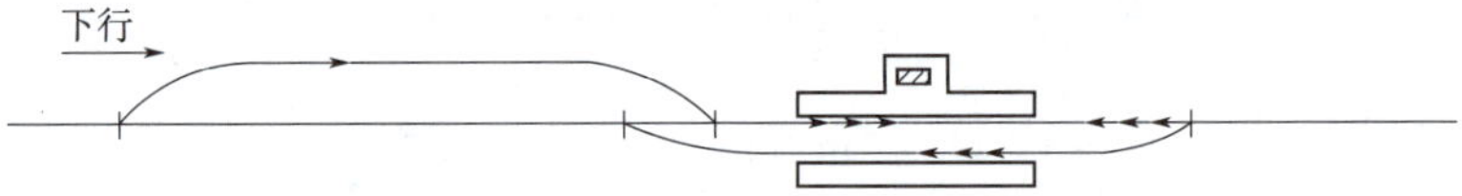

（a）单线铁路纵列式中间站

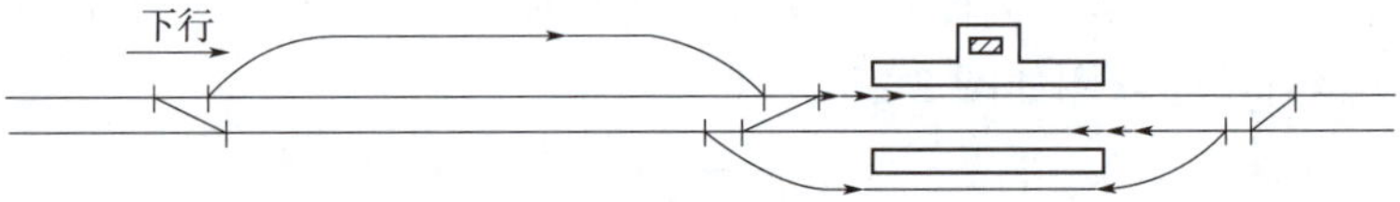

（b）双线铁路纵列式中间站

图 2-29　纵列式中间站布置示意

(二)区 段 站

1. 区段站的主要任务

区段站多设在铁路网上牵引区段(机车交路)的起点或终点。区段站的主要任务是为邻接的铁路区段供应或整备机车以及更换机车乘务组，并为无改编中转货物列车办理规定的技术作业；此外，还办理一定数量的列车解编作业及客货运业务。在设备条件具备时，还进行机车、车辆的检修作业。

2. 区段站布置图

区段站中的客运、货运、运转、机务和车辆这五项设备需要合理布置，由于地形、城市规划、运量及运输性质、正线数目等因素的影响，可以形成多种多样的布置图。区段站布置图的选择是一项重要而复杂的工作，应讲求经济效益，满足运输需要，节省工程投资，便于管理，有利于铁路、城市和工农业生产等的发展。

区段站常见的布置图有横列式、纵列式及客货纵列式三类。

(1)横列式区段站布置图

当上、下行到发线(场)平行布置在正线一侧，调车场在到发场的一侧时，称为横列式区段站布置图，如图 2-30 所示。

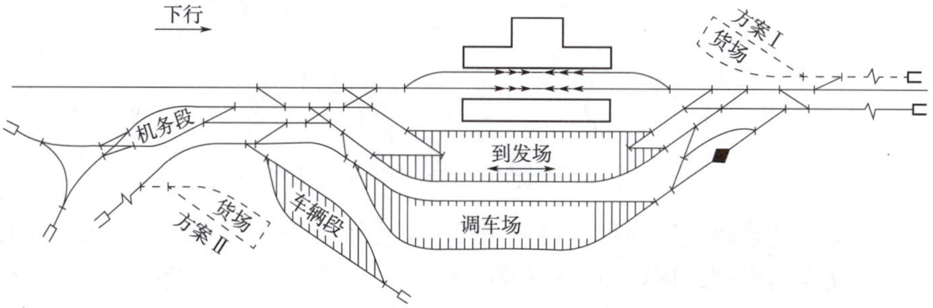

图 2-30 单线铁路横列式区段站布置示意

这种布置图的优点：布置紧凑，站坪长度短，占地少，设备集中，管理方便，作业灵活性大，对各种不同地形的适应性强。它的缺点：一个方向的列车机车出入段走行距离长，对站房同侧的货物取送车和正线有交叉干扰。

(2)纵列式区段站布置图

在双线铁路上，当运量较大时，为了减少站内两端咽喉区上下行客、货列车进路的交叉干扰，区段站可采用纵列式布置图。

在区段站上，当上、下行到发场分设在正线两侧，并逆运行方向全部错移，在其中一个到发场一侧，设一个双方向共用的调车场时，称为纵列式区段站布置图，如图 2-31 所示。

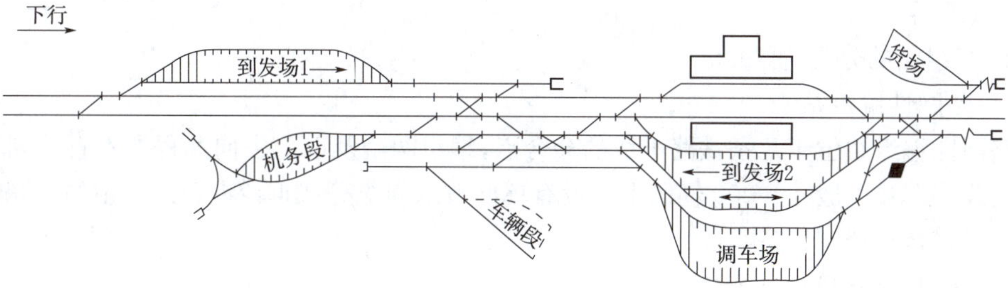

图 2-31 双线铁路纵列式区段站布置示意

这种布置图的优点：作业上的交叉干扰较横列式少；机车出入段走行距离短，当机车采用循环运转制时，到发线上的整备设备比较集中；对站舍同侧的支线或工业企业线的接轨也比较方便。它的缺点：站坪长度长，占地多；设备分散，投资大；定员较多，管理不便；一个方向货物列车的机车出入段要横切正线。

(3)客货纵列式区段站布置图

客货纵列式区段站是客运运转设备(主要指旅客列车到发场)与货运运转设备(主要指货物列车到发场)纵向配列，如图 2-32 所示。

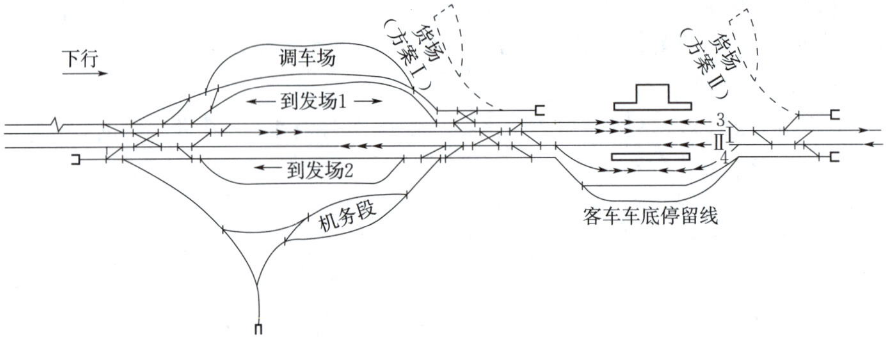

图 2-32　客货纵列式区段站布置示意

这种布置图往往是改建时逐步形成的，故客、货运转设备和机务设备相互位置的配置形式很多。其优缺点与纵列式区段站大致相同。

(三)编 组 站

1. 编组站的作用

编组站是在铁路网上办理大量货物列车解体和编组作业，并为此设有比较完善的调车设备的车站。它是铁路运输的基本生产单位，在完成铁路货物运输任务中起着十分重要的作用。

编组站和区段站统称为技术站。它们办理的技术作业种类大致相同，都办理列车的接发、编解、机车乘务组的更换、机车整备、车辆检修等作业，但二者又有区别。区段站以办理无中转列车为主，改编列车较少，办理少量区段列车和摘挂列车的改编作业；而编组站按照编组计划要求，除办理通过列车外，主要是解体和编组直达、直通、区段、摘挂及小运转等各种货物列车，以办理改编列车为主，所以编组站又叫“货物列车制造工厂”。

编组站通常设在几条主要干线的会合处，也可以设在有大量装卸作业地点的大城市、港口或大工矿企业附近。

2. 编组站的分类

(1)路网性编组站

路网性编组站位于几条铁路干线的会合点，编组两个及以上去向远程技术直达列车，年度日均改编车数一般在 6 000 辆以上。设有单向或双向纵列式抑或混合式编组站，其驼峰设有自动或半自动控制设备。

(2)区域性编组站

区域性编组站分布在铁路干线交会的重要地点，是路网重要支点。主要编组相邻编组站间的直通列车，年度日均改编车数在 4 000 辆以上，具有半自动或机械调车设备。

(3)地方性编组站

地方性编组站一般是位于铁路干支线交会、铁路枢纽地区或大宗车流集散的港口、工业区，承担中转、地方车流改编作业的中小型编组站。它一般编组两个及以上去向的直通和技术直达列车；日均调车达 2 500 辆；设有单向混合式、横列式布置的站场，其驼峰设有半自动或其他控制设备。

3. 编组站布置图

调车设备是编组站的核心设备。调车设备的数量与规模以及各车场的相互位置构成了编组站不同形式的布置图。

(1)编组站布置图的分类

我国编组站布置图的基本类型归纳起来共有六类,其他类型都是在这个基础上派生的,并且数量很少。为了更清楚地表述编组站布置图的基本排列特征和车场个数,我国铁路设计单位及现场对编组站布置图有“几级几场”的称呼。

“级”:车站中轴线上车场排列形式,即车场处于纵向不同的位置,因而横列式又称为一级式,混合式又称为二级式,纵列式又称为三级式。

“场”:指车场个数。同样是双向纵列式,根据车场数量的不同,又可能会产生双向三级六场、双向三级八场等各种形式的布置图。

我国编组站的常见布置形式见表 2-1。

表 2-1 编组站典型布置形式

类型	横列式	混合式	纵列式
单向编组站	单向横列式一级三场	单向混合式二级四场 单向混合式二级五场	单向纵列式三级三场
双向编组站	—	双向混合式二级四场 双向混合式二级五场	双向纵列式三级六场 双向纵列式三级八场

①按照调车设备的套数及调车驼峰方向分类

a. 单向编组站:只有一个调车场,上、下行合用一套调车设备(包括驼峰、调车场、牵出线),其驼峰溜车方向一般朝向主要改编车流运行方向(也称顺向)。

b. 双向编组站:有两个调车场,上、下行各有一套调车设备。两个系统的调车驼峰应朝向各自的上行和下行调车方向。

②按照每一套系统内车场的相互位置和数目分类

a. 横列式编组站:上、下行到发场与调车场并列配置。

b. 纵列式编组站:到达场、调车场、出发场,主要车场顺序纵向排列。

c. 混合式编组站:主要车场纵列,另一部分车场横列。

(2)典型编组站布置图及作业流程分析

以双向三级六场编组站为例进行说明。典型的双向三级六场编组站的基本布置和基本流程如图 2-33 和图 2-34 所示,其特点是上、下行方向各有一套到达场、调车场、出发场,每套三个车场均依次纵列布置,并组成两个并列的独立系统。双向均为“流水式”作业,避免了一级三场一个方向解体转线折返走行距离长的缺点,使车站具有较大的改编能力和通过能力。该图型布置图由于车场多、线路容量大,对于调整运行秩序和适应运量波动有较大的潜力和机动性。采用机械化驼峰,其日均解编能力可达 12 000～14 000 辆;若采用自动化驼峰,其日均解编能力最大可达 20 000 辆。但是,对三个以上衔接方向的编组站来说,产生了折角改编车流的重复解体和转场作业,因而造成多余的走行和作业干扰,这是其运营上最突出的缺点。一般在两套调车系统间设置场间联络线处理交换车流。此外,由于这种编组站车场分散、股道数量多、工程费用和占地面积都很大,因此,只有当解编作业量很大时才考虑采用。

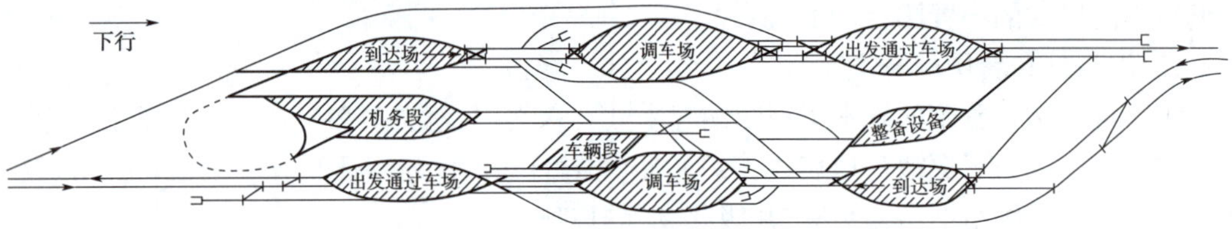

图 2-33　双向三级六场编组站布置示意

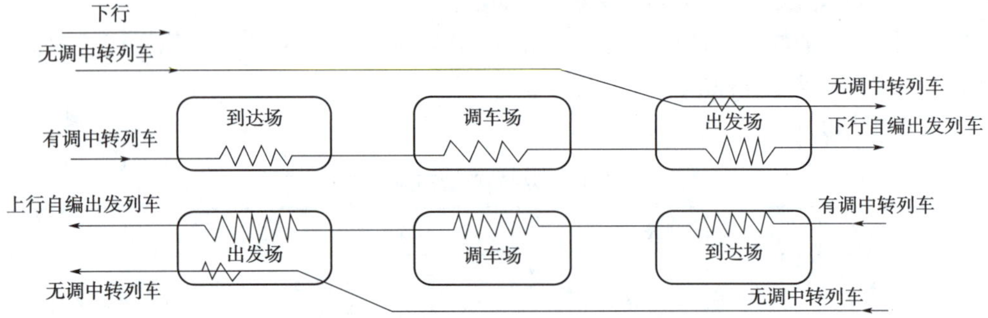

图 2-34　双向三级六场编组站作业流程

第三节　铁路信号基础

一、铁路信号

(一)铁路信号的含义

铁路信号是保证行车安全,提高区间和车站通过能力以及编组站编解能力的自动控制及远程控制技术的总称。信号对列车运行的效率和安全至关重要,信号设备故障或者司机误判信号往往会造成严重的行车事故。

(二)铁路信号的分类

铁路信号分为听觉信号和视觉信号两大类。

1. 听觉信号

听觉信号是以不同声响设备发出音响的强度、频率、音响长短和数目等特征表示的信号,如用号角、口笛、响墩发出的音响及机车、轨道车鸣笛等发出的信号。听觉信号传递距离近、易于消逝、容易受到干扰,只是一种辅助或补充,不作为主体信号,多用于站内调车等情况使用。动车组列车不鸣笛。

2. 视觉信号

视觉信号是以物体或灯光的颜色、形状、位置、数目或数码显示等特征表示的信号,如信号机、信号牌、信号灯、信号旗、火炬等设备显示的信号。

(1)视觉信号分类

视觉信号可以分为手信号、移动信号和固定信号。

①手信号:手提式信号灯、信号旗或直接用手臂发出的信号。

②移动信号:在地面上临时设置的可以移动的信号。

③固定信号:固定安装在一定位置用于防护固定地点的信号,如信号机、信号表示器等,机车信号也属于固定信号。

(2)基本颜色及意义

我国铁路信号的基本显示系统由基本颜色和辅助颜色组成。

基本颜色包括红色、黄色、绿色,基本颜色及其灯光组合主要构成列车信号,用于指示列车运行。

除基本颜色外,以蓝色、月白色作为铁路信号的辅助颜色。

H——红色,禁止运行;

U——黄色,减速运行;

L——绿色,定速运行;

B——月白色,表示允许调车或引导信号;

A——蓝色,表示禁止调车或容许信号。

(三)固定信号分类

1. 按设置部位分类:地面信号和机车信号。

2. 按用途分类:信号机和信号表示器。

信号机可以表达固定信号的含义,一般用来防护站内进路,防护区间,防护危险地点,有严格的防护意义。信号机按用途又可分为进站、出站、通过、进路、预告、遮断、驼峰、驼峰辅助、复示、调车信号机。

信号表示器是对行车人员传达行车或调车意图的,或对信号进行某些补充说明所用的器具,没有防护意义。信号表示器分为道岔、脱轨、进路、发车、发车线路、调车及车挡表示器。

3. 按停车信号的显示意义分类:绝对信号和容许信号。

绝对信号是指当显示停止运行的信号时,列车和调车车列必须无条件遵守的信号显示,一般信号机的信号都属于这一类。容许信号是设于区间通过信号机上的一种附属信号,当容许信号显示一个蓝灯时,准许某些特定的列车可在该通过信号机显示红灯的情况下,以不超过 20 km/h 的速度通过,并准备随时停车。容许信号一般安装在区间停车后难以起动地点的通过信号机上,如图 2-35 所示。

图 2-35 容许信号

4. 按安装方式分类:高柱信号机、矮型信号机、信号桥。

(1)高柱信号机:安装在信号机柱上,一般用于显示距离要求较远的信号机。高柱信号机具有显示距离远、观察位置明确等优点。因此,为保证列车运行安全,提高效率,进站、正线出站、接车进路、通过、预告、驼峰等信号机必须采用高柱信号机。

设在岔线入口处、牵出线上的调车信号机以及驼峰调车场内指示机车上峰的线束调车信号机,应采用高柱信号机。进站复示信号机因受地形影响,也采用高柱信号机。

(2)矮型信号机:没有托架和梯子,设于建筑接近限界下部外侧的基础上,一般用于显示距离要求不远的信号机上。因高柱信号机的设置受建筑限界的限制,另外应考虑信号机的设置不影响到发线有效长,发车进路、调车、出站、调车复示信号机多采用矮型信号机。

(3)信号桥:因受限界限制,不能安装信号机柱时,则以信号托架和信号桥代替。信号托架为托臂形结构建筑物，信号桥为桥形结构建筑物，如图 2-36 所示。在线间距离不足，又需设置高柱信号机，且跨越股道数量较多时，可使用信号桥。

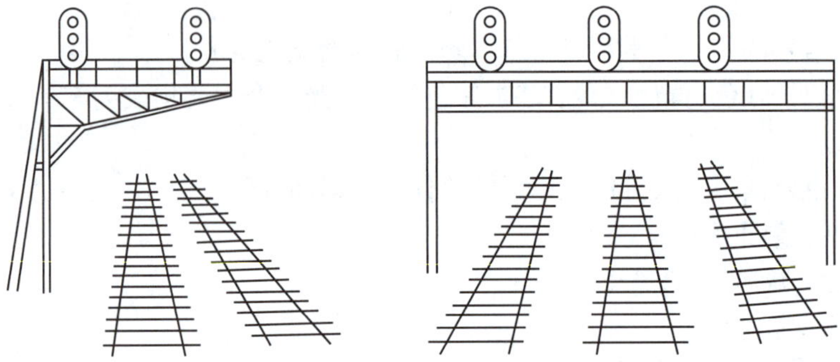

图 2-36　信号托架和信号桥

（四）地面固定信号设置原则

1. 一般设于线路左侧

我国铁路为左侧行车制。如果两线路之间距离不足以装设信号机时，可采用信号托架或信号桥，其上的信号机设于线路左侧，也可设在所属线路的中心线上空。

特殊情况下，经铁路局集团公司批准，也可设于右侧。

2. 信号机限界

任何信号机不得侵入铁路建筑限界。规定：高柱信号机限界，在正线和通过超限货物列车的站线上为 2 440 mm，其他站线为 2 150 mm；矮型信号机限界为 1 875 mm。

（五）进站信号机及出站信号机

1. 进站信号机

（1）作用

进站信号机防护车站，指示列车能否由区间进入车站以及进入车站的有关条件。

（2）设置位置

进站信号机设置在距车站最外方进站道岔尖轨尖端（逆向道岔）或警冲标（顺向道岔）不少于 50 m 的地点，如图 2-37 所示。如因站内需要经常利用正线进行调车作业，或因地形等其他条件使信号显示距离达不到规定要求时，可以将信号机适当外移，但一般不应超过 400 m。

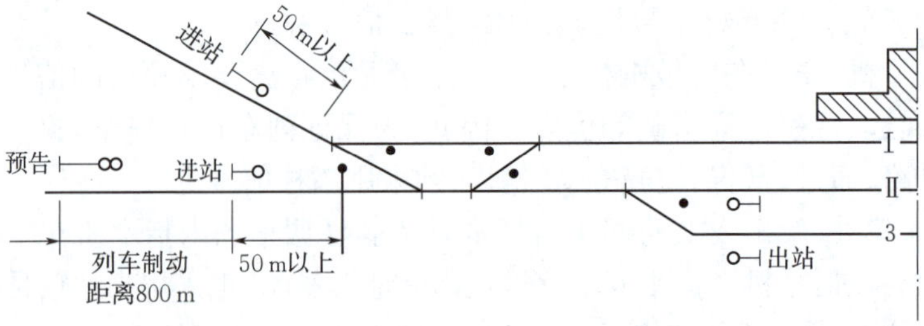

图 2-37　进站信号机设置位置

（3）进站信号机灯光显示意义

①三显示自动闭塞、半自动闭塞、自动站间闭塞区段

a. 一个绿色灯光——准许列车按规定速度经正线通过车站，表示出站及进路信号机在开放状态，进路上的道岔均开通直向位置；

b. 一个绿色灯光和一个黄色灯光——准许列车经道岔直向位置，进入站内越过次一架已经开放的信号机准备停车；

c. 一个黄色灯光——准许列车经道岔直向位置，进入站内正线准备停车；

d. 一个黄色闪光和一个黄色灯光——准许列车经 18 号及以上道岔侧向位置，进入站内越过次一架已经开放的信号机且该信号机防护的进路经道岔直向位置或 18 号及以上道岔侧向位置；

e. 两个黄色灯光——准许列车经道岔侧向位置(但不满足上述 d. 条件)进入站内准备停车；

f. 一个红色灯光——不准列车越过该信号机。

②四显示自动闭塞区段

a. 一个绿色灯光——准许列车按规定速度经道岔直向位置进入或通过车站，表示运行前方至少有三个闭塞分区空闲；

b. 一个绿色灯光和一个黄色灯光——准许列车按规定速度经道岔直向位置进入站内，表示次一架信号机经道岔直向位置开放一个黄灯；

c. 一个黄色灯光——准许列车按限速要求经道岔直向位置进入站内正线准备停车；

d. 一个黄色闪光和一个黄色灯光——准许列车经 18 号及以上道岔侧向位置，进入站内越过次一架已经开放的信号机且该信号机防护的进路经道岔直向位置或 18 号及以上道岔侧向位置；

e. 两个黄色灯光——准许列车按限速要求越过该信号机，经道岔侧向位置(但不满足上述 d. 条件)进入站内准备停车；

f. 一个红色灯光——不准列车越过该信号机。

进站及接车进路、接发车进路色灯信号机显示一个红色灯光及一个月白色灯光是引导信号——准许列车在该信号机前方不停车，以不超过 20 km/h 速度进站或通过接车进路，并须准备随时停车。

2. 出站信号机

(1)作用

出站信号机防护区间，指示列车能否由车站进入区间，作为列车占用区间的凭证。

(2)设置位置

在车站每一发车线警冲标内方(逆向道岔为尖轨尖端外方)的适当地点，装设出站信号机，如图 2-38 所示。

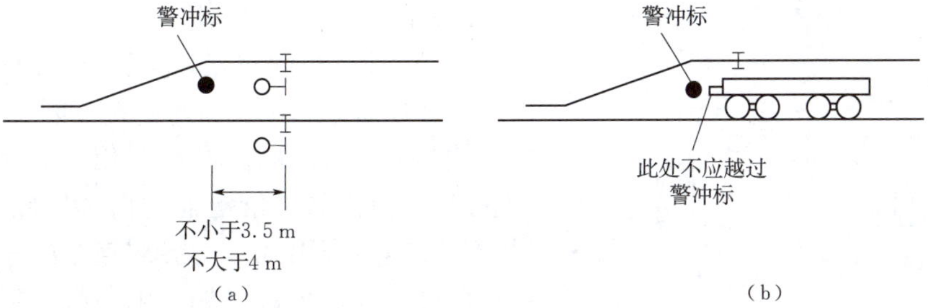

图 2-38　出站信号机设置位置

(3)出站信号机灯光显示意义

①半自动闭塞或自动站间闭塞区段

a. 一个绿色灯光——准许列车由车站出发；

b. 两个绿色灯光——准许列车由车站出发，开往次要线路；

c. 一个红色灯光——不准列车越过该信号机；

d. 在兼作调车信号机时，一个月白色灯光——准许越过该信号机调车。

②三显示自动闭塞区段

a. 一个绿色灯光——准许列车由车站出发，表示运行前方至少有两个闭塞分区空闲；

b. 一个黄色灯光——准许列车由车站出发，表示运行前方有一个闭塞分区空闲；

c. 两个绿色灯光——准许列车由车站出发，开往半自动闭塞或自动站间闭塞区间；

d. 一个红色灯光——不准列车越过该信号机；

e. 在兼作调车信号机时，一个月白色灯光——准许越过该信号机调车。

③四显示自动闭塞区段

a. 一个绿色灯光——准许列车由车站出发，表示运行前方至少有三个闭塞分区空闲；

b. 一个绿色灯光和一个黄色灯光——准许列车由车站出发，表示运行前方有两个闭塞分区空闲；

c. 一个黄色灯光——准许列车由车站出发，表示运行前方有一个闭塞分区空闲；

d. 两个绿色灯光——准许列车由车站出发，开往半自动闭塞或自动站间闭塞区间；

e. 一个红色灯光——不准列车越过该信号机；

f. 在兼作调车信号机时，一个月白色灯光——准许越过该信号机调车。

二、联锁基本设备

(一)继 电 器

1. 继电器的作用

继电器相当于电路中的开关，可以接通和断开电路，所以继电器在铁路信号中的作用主要是为了实现自动控制和远程控制。在铁路信号的自动控制和远程控制系统中构成逻辑电路，作为执行元件直接监督和控制列车运行。

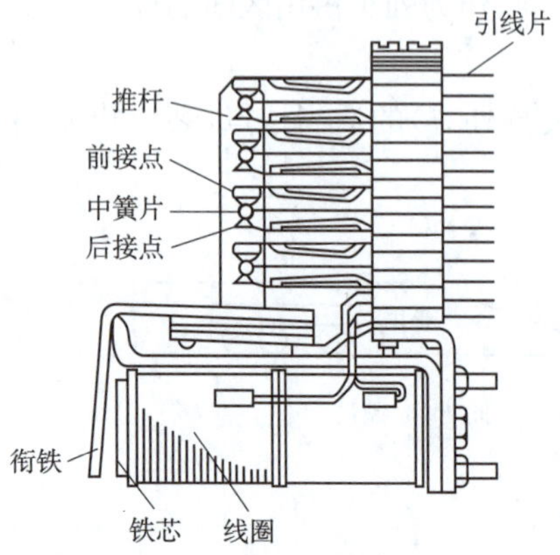

图 2-39 电磁继电器基本原理

2. 电磁继电器的基本结构

电磁继电器一般都由接点系统和电磁系统两大部分组成，电磁系统由线圈、固定的铁芯、轭铁以及可动的衔铁构成；接点系统由动接点、静接点构成。

3. 电磁继电器的基本原理

当电流通过线圈时，铁芯吸动衔铁，带动中簧片，使中簧片断开后接点而与前接点闭合；当电源切断后，铁芯失磁，衔铁自动释放，使中簧片断开前接点而与后接点闭合。继电器的前、后接点及中簧片都接有引线片，当引线片用导线连接在一个外部电路时，就可以控制外部电路。电磁继电器的工作原理如图 2-39 所示。

(二)轨道电路

1. 轨道电路的组成

轨道电路是以铁路线路的两根钢轨作为导体，两端加以机械绝缘(或电气绝缘)，接上送电和受电设备构成的电路，如图 2-40 所示。

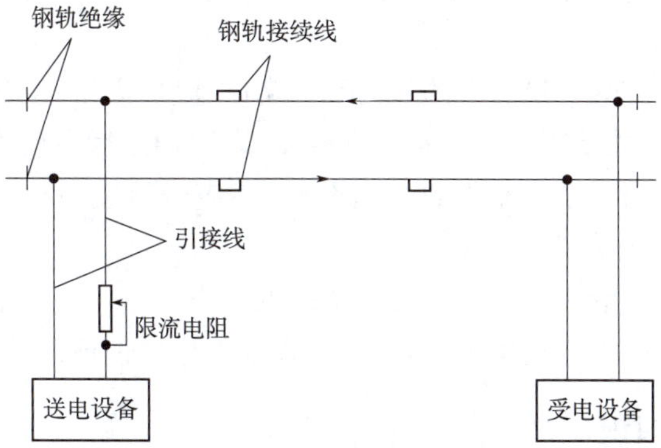

图 2-40　轨道电路组成示意

(1)送电设备：轨道电源为轨道电路的工作电源，是轨道电路的主要送电设备。

(2)限流电阻：保护电源不致因过负荷而损坏，同时保证列车占用轨道电路时，轨道继电器可靠落下。

(3)受电设备：轨道电路的受电设备是轨道继电器，作用为接收轨道电路的信号电流，反映轨道电路的状态。

(4)导体：轨道电路的导体是钢轨，为减小钢轨接头的接触电阻，增设了钢轨接续线。

(5)钢轨绝缘：是为分隔相邻轨道电路而装设的绝缘装置。两绝缘节之间的钢轨线路，称为轨道电路的长度。

2. 轨道电路的基本工作状态

(1)调整状态

轨道电路的调整状态，就是轨道电路完整且无车占用，电流流过钢轨，使轨道继电器保持吸起的状态。在调整状态，对轨道继电器来说，它从钢轨上接收的电流越大，它的工作就越可靠。

(2)分路状态

轨道电路的分路状态，就是轨道电路被列车占用的状态。在分路状态，电流通过轮对分流，使流过轨道继电器的电流大大减小，不足以使衔铁保持吸起，使轨道继电器落下。

(3)断轨状态

轨道电路的断轨状态，是指轨道电路的钢轨在某处折断时的情况，此时轨道继电器落下，称为轨道电路的断轨状态。

(三)转 辙 机

1. 转辙机的作用

(1)转换道岔的位置，根据需要转换至定位或反位。

(2)道岔转至所需位置而且密贴后，实现尖轨与基本轨的牢固锁闭，防止松动或外力转换道岔。

(3)正确地反映道岔的实际位置，道岔的尖轨密贴于基本轨后，给出相应的表示信号，使联锁系统和信号控制系统正确识别道岔的位置。

(4)道岔被挤或因故处于“四开”(两侧尖轨均不密贴)位置时，及时给出报警及表示，避免再次操动道岔或排列进路，防止发生事故。

2. 转辙机的基本要求

(1)作为转换装置，应具有足够大的拉力和一定的速度，以带动尖轨做直线往返运动，让道岔一步转换到位；当尖轨受阻不能运动到底时，应随时通过操纵使尖轨回复原位。

(2)作为锁闭装置，当尖轨和基本轨不密贴时，不应进行锁闭；一旦锁闭，应保证不致因车通过道岔时的振动而错误解锁。

(3)作为监督装置，应能正确可靠地反映道岔的状态。

(4)道岔被挤后，应能进行故障锁闭，在未修复前不应再使道岔转换。

三、联锁的基本知识

(一)进　　路

1. 进路定义

进路是铁路行车术语，是指在站内，列车、调车机车或车列由一个地点到另一个地点所经由的一段线路。

2. 进路分类

按作业性质，进路分为列车进路和调车进路。

(1)列车进路

列车进路是指列车在车站接入、发出、通过所经由的一段线路，分为接车进路、发车进路和通过进路三种。

①接车进路：接入停车列车时，由进站信号机起，至接车线末端警冲标或出站(进路)信号机止的一段线路。

②发车进路：发出列车时，由列车前端起至相对方向进站信号机或站界标止的一段线路。

③通过进路：列车通过时，该列车通过线两端进站信号机或站界标之间的一段线路。是列车经正线不停车由车站通过所经过的正线接车进路和正线同方向发车进路组成的径路。

(2)调车进路

调车机车或调车机车牵引的车列完成调车工作由运行方向前端起至目的地(停车地点)止的一段线路。

(二)联锁关系

1. 联锁的概念

为了保证车站行车和调车作业安全，利用机械、电气自动控制、远程控制、计算机、互联网等技术使车站范围内的道岔、进路和信号机之间建立相互制约关系，称为联锁关系，简称联锁。

2. 联锁关系的基本内容

(1)当进路上的有关道岔开通位置不对或敌对信号机未关闭时，防护该进路的信号机不能开放;信号机开放后,该进路上的有关道岔不能扳动,其敌对信号机不能开放。

(2)半自动闭塞、自动站间闭塞及三显示自动闭塞区段,正线上的出站信号机未开放时,进站信号机不能开放通过信号;主体信号机未开放时,其预告信号机不能开放。

(3)装有转换锁闭器,电动、电液转辙机的道岔,当第一连接杆处(分动外锁闭道岔为锁闭杆处)的尖轨与基本轨间、心轨与翼轨间有 4 mm 及以上水平间隙时,不能锁闭或开放信号机。

(4)区间辅助所内正线上的道岔,未开通正线时,两端站不能开放有关信号机。

3. 联锁设备

(1)联锁设备的概念

控制车站的道岔、进路和信号机,并实现它们之间联锁关系的设备称为联锁设备。

(2)联锁设备的分类

联锁设备分为集中联锁和非集中联锁。集中联锁包括计算机联锁和继电联锁;非集中联锁包括臂板电锁器联锁和色灯电锁器联锁。编组站、区段站和电源可靠的其他车站,均应采用集中联锁。列车调度指挥系统(TDCS)和调度集中系统(CTC)区段,车站应采用集中联锁。

①计算机联锁

计算机联锁利用计算机、电气自动控制、远程控制等技术实现车站的联锁关系,用继电器电路作为计算机主机与室外信号机、道岔转辙机、轨道电路的接口设备,操作人员通过计算机显示器等设备实现对现场设备的控制和监督。

②继电联锁

继电联锁(又称为电气集中联锁)是用电气的方法集中控制和监督全站的道岔、进路和信号机,主要特点是由继电电路实现对室外设备的控制,并实现车站的联锁关系,操作人员通过控制台操纵和监督全站信号设备。目前我国铁路使用的继电联锁主要是 6502 电气集中联锁。

电气集中联锁具有操作简便、办理迅速、安全可靠等优点,是我国铁路应用数量最多的车站联锁设备。但由于在维护维修、与计算机设备连接、表示信息更完善等方面不适应提速、高速区段的要求,正逐步被计算机联锁取代。

③电锁器联锁

电锁器联锁是一种非集中联锁设备,它由电锁器和继电器电路实现主要联锁关系,由带电锁器的道岔握柄和转换锁闭器配合,人工在现场就地分散操纵道岔,信号机采用色灯信号机或臂板信号机。

这种联锁设备作业效率低,行车人员劳动强度大,无法与现代化信号系统结合,已逐步被其他联锁设备代替。

四、列车调度指挥系统及调度集中系统

(一)列车调度指挥系统

1. TDCS 定义

列车调度指挥系统(TDCS)是铁路各级列车调度实现透明指挥、实时调整、集中控制的现代化信息系统,可以实现查看辖区内站场总画面和单站画面,对行车信息进行监督,替代

调度人员完成列车实际运行图的绘制，行车日志的自动生成，调度命令、日（班）计划的网络下达，完成对行车的调度指挥等功能。

2. TDCS 结构

我国铁路调度指挥管理以调度为核心，以站、段为基础，因此，TDCS 由国铁集团、铁路局集团公司和车站三级组成，如图 2-41 所示。

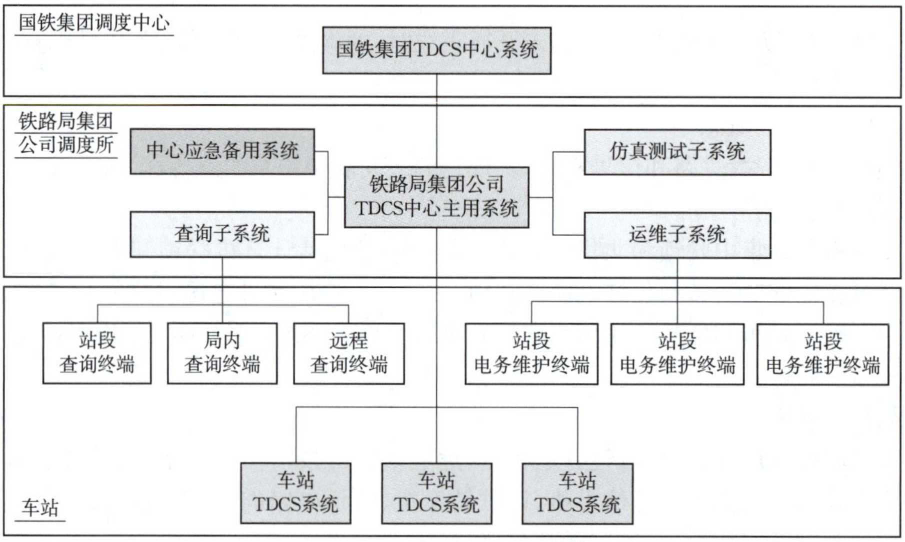

图 2-41　TDCS 系统结构示意

3. TDCS 功能

（1）国铁集团调度指挥中心 TDCS 功能

国铁集团调度指挥中心 TDCS 具备调度实时信息宏观显示、调度实时监视，技术资料查询、显示，报表统计，系统维护及管理，用户培训，与列车管理系统、列车自动监控系统、车号自动识别系统的信息共享，在分界口列车调度指挥管理和跨局客车及行包专列调度指挥管理方面提供预警和报警等功能。

（2）铁路局集团公司调度所 TDCS 功能

铁路局集团公司调度所 TDCS 具备干线列车运行秩序的宏观显示、列车运行实时监视和历史查询、列车运行图管理、调度命令、列车自动追踪、车站自动报点、仿真培训等功能。

（3）车站 TDCS 功能

车站 TDCS 具备列车运行状态信息的采集和传送、显示本站和邻站信息、阶段计划的签收和打印、调度命令的签收和打印、无线车次号校核、车次跟踪及自动报点、车次和到发点的人工管理、调度命令无线传送、行车日志的管理、现存车管理等功能。

（二）调度集中系统

1. CTC 定义

调度集中系统（CTC）是调度中心对某一区段内的信号设备进行集中控制，对列车运行直接指挥、管理的技术装备。高速铁路的行车指挥基本模式就是以调度集中系统作为指挥中枢，以列车运行控制系统、联锁设备为基础，实现对列车运行的自动指挥和集中控制。

CTC 具有“分散”和“自律”的特点。分散是相对于集中控制而言的，将过去由调度中心集中控制所有车站列车作业的方式改为由各个车站设备独立地控制各自的列车和调车作业，并在不影响列车运行的原则下，允许调度中心和车站通过调度集中自主进行调车，这是一种功能的分散。自律指的是依据各站的特点，可对调度中心的控制指令和车站输入的控制指令进行自动排序，自动协调列车作业和调车作业，自动控制列车进路和调车进路。

系统充分利用原有的 TDCS 的车次号自动输入校核、运行图自动描绘、调度命令自动下达等技术成果，增加了自动生成列车阶段调整计划，并下传至各车站的自律机中，由自律机自主执行的功能，科学合理地解决中心控制和车站控制的矛盾，最大程度上实现调车作业的集中控制，解决了列车作业和调车作业的矛盾。

2. CTC 功能

在 TDCS 基础上，CTC 应具备列车运行计划人工、自动调整，实际运行图自动描绘，行车日志自动生成、储存、打印，调度命令传送和车次号校核等功能。CTC 调度中心还具备向车站机务段调度、乘务室等部门发布调度命令以及经调度命令无线传送系统向司机下达调度命令（含许可证、调车作业通知单等）的功能。

系统依据列车运行调整计划，《技规》《行规》《站细》等规定，以及相关联锁技术条件对列车、调车作业进行分散自律安全控制（含分散自律控制模式下的中心、车站人工直接操作）。除此之外，还应实现列车编组信息管理，调车作业管理，综合维修管理，列/调车进路人工和计划自动选排、分散自律控制等功能，主要是具有列车进路和调车作业的集中控制功能。

第三章　铁路货车基础知识

第一节　铁路货车发展概述

自1949年新中国成立后，我国铁路货车的设计、制造经历了两个发展阶段、实现了三次大的升级换代。第一阶段是从1949年至1957年的仿制国外产品阶段，第二阶段是从1957年至今的自行设计、自主创新阶段。我国铁路货车三次大的升级换代如下。

1. 1956—1957年，新中国第一辆自主设计、载重50 t的P_{13}型棚车诞生，载重30 t货车在我国全面停产，标志着我国铁路货车实现了载重由30 t级向50 t级的第一次升级换代。这一时期，我国铁路货车主要采用滑动轴承、K型三通阀和2号车钩，车体材料为普通碳素结构钢，钢木混合结构。

2. 1976—1978年，载重60 t的C_{62A}型敞车投产，载重50 t级货车在我国全面停产，标志着我国铁路货车实现了载重由50 t级向60 t级的第二次大的升级换代。这一时期，我国铁路货车主要采用滚动轴承、103型空气分配阀、转8A型转向架和13号车钩，车体材料为耐候钢。

3. 2003—2006年，C_{70}、C_{80}等载重70 t级通用货车，80 t级运煤专用敞车研制成功，120 km/h货车技术全面应用，载重60 t级货车全面停产，标志着我国铁路货车实现了载重由60 t级向70 t级和80 t级，时速由空车70 km、重车80 km向120 km的第三次大的升级换代。这一时期，我国铁路货车采用了包括转K_2、转K_4、转K_5、转K_6等型号转向架，120型空气控制阀，17型高强度车钩，高强度耐候钢车体，铝合金不锈钢车体等新技术，车辆综合技术性能达到了世界先进水平，实现了专用线列车牵引20 000 t、通用线列车牵引5 000～10 000 t的重载运输。

第二节　铁路货车基本构造

为满足运输不同货物的要求，铁路货车类型复杂，构造各不相同，但从结构组成来看，一般货车均由转向架、车体、车钩缓冲装置及制动装置组成，另有个别货车的车体设有简单的车内设备。

一、转向架

1. 组成

转向架主要由侧架（或构架）、轮对轴箱油润装置、弹簧减振装置、基础制动装置等部分组成。转向架必须有足够的强度和良好的运行平稳性，以保证安全运行和运送货物的完整。转向架结构如图3-1和图3-2所示。

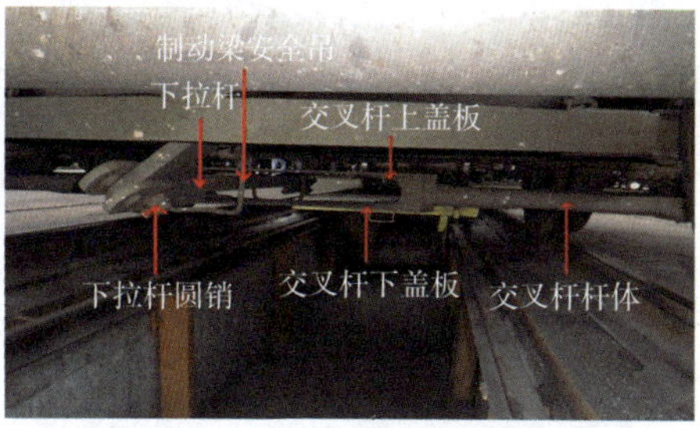

图 3-1　转向架主要部件构成 1

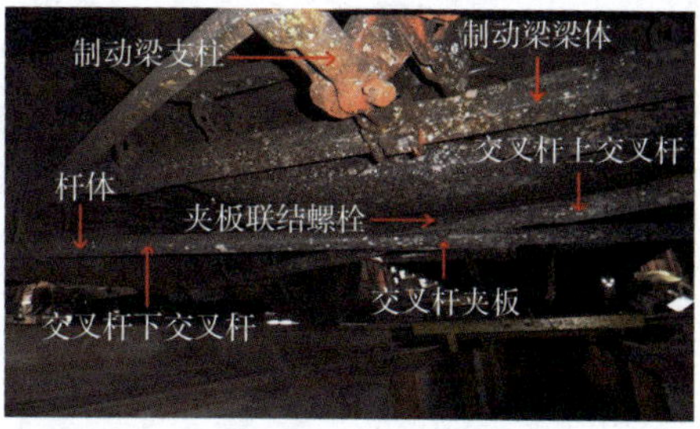

图 3-2　转向架主要部件构成 2

2. 作用

转向架是支撑车体，承担车辆自重和载重并在钢轨上行驶的部分。

二、车　　体

1. 组成

车体一般由底架、侧墙、端墙和车顶等部分组成。其中底架是车体的基础，承受着作用于车辆上的牵引力、冲击力和载重，底架由各种纵向梁、横向梁、辅助梁和底板等组成。棚车车体构造如图 3-3 所示。

图 3-3　棚车车体构造

2. 作用

车体用以容纳货物。

三、车钩缓冲装置

1. 组成

车钩缓冲装置一般由车钩、缓冲器、从板、钩尾框、钩尾销及解钩装置等组成，如图 3-4 所示。

2. 作用

车钩缓冲装置具有使机车与车辆或车辆与车辆之间互相连接，承受并传递纵向牵引力以及缓和列车运行中冲击力等作用，安装在车辆底架中梁两端的牵引梁上。

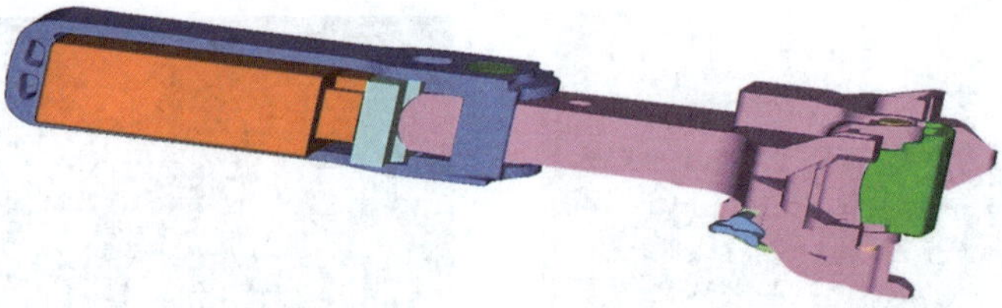

图 3-4　车钩缓冲装置

四、制动装置

1. 组成

制动装置通常包括空气制动机、人力制动机和基础制动装置。

2. 作用

制动装置保证高速运行中的车辆能在规定的距离内停车，或使在运行中进行减速或调车的车辆能停车、防溜，它是保证列车安全运行的重要部分。

各型人力制动机样式如图 3-5～图 3-10 所示。

图 3-5　NSW 型人力制动机

图 3-6　棘轮式人力制动机

图 3-7　固定轴链条式人力制动机

图 3-8　降压气室与加速缓解风缸

图 3-9　普通式制动缸

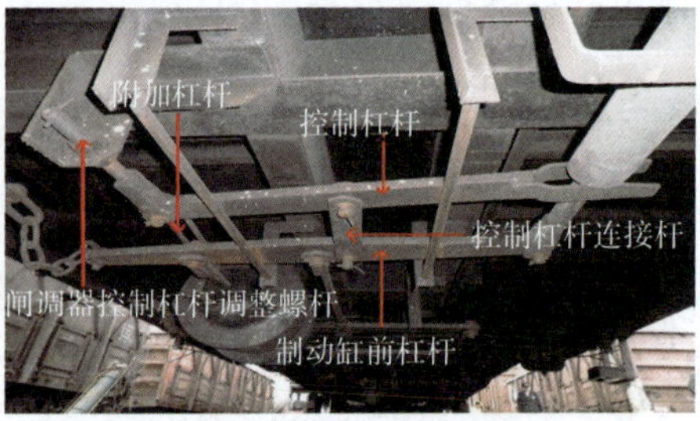

图 3-10　制动机构连杆

五、车内设备

车内设备是指为达到运输货物和货运人员的要求而设置的设备。一般货车上没有此类设备，只在个别货车上设有车内设备。如大多数棚车为了临时性输送人员或牲畜，在车内设有排便器、拴马环等设备；冷藏车内装有制冷降温等设备；矿石车设有自卸设备等。铁路机械冷藏车车内发电设备如图 3-11 所示。

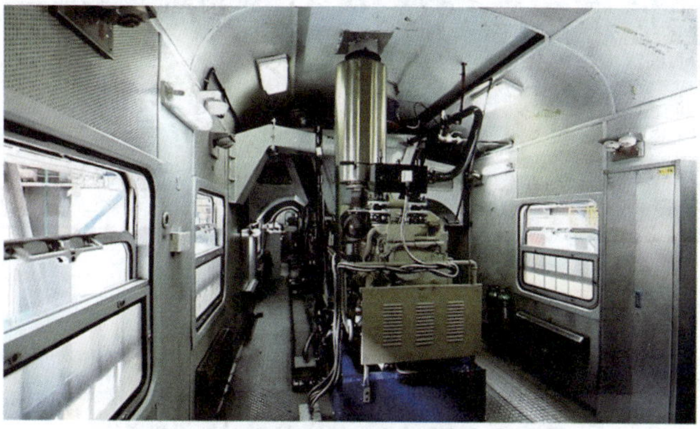

图 3-11　铁路机械冷藏车车内发电设备

第三节　铁路货车分类

铁路货车按用途分为通用货车、专用货车两类。通用货车主要包括敞车、棚车、通用平车；专用货车包括罐车、冷藏车、长大货物车、集装箱专用平车、家畜车、毒品车、散装粮食车、矿石车等。

一、敞　　车

敞车是我国铁路运输中的主型车辆，主要用于装运煤炭、矿石、建材、机械设备、钢材及木材等货物，若加盖防雨篷布后可装运怕风吹雨淋的货物。敞车车体各结构名称如图 3-12～图 3-15 所示。

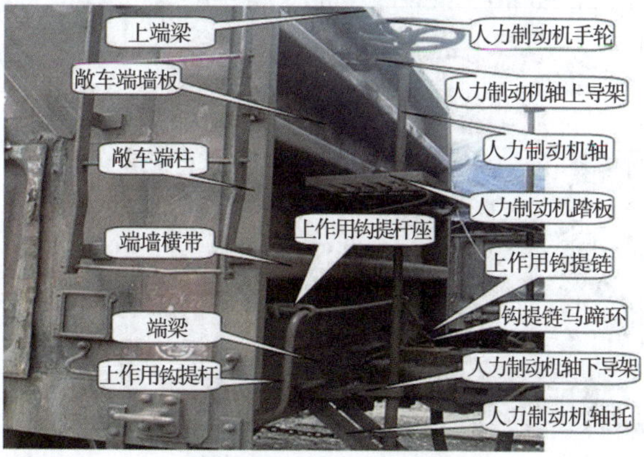

图 3-12　敞车一端结构

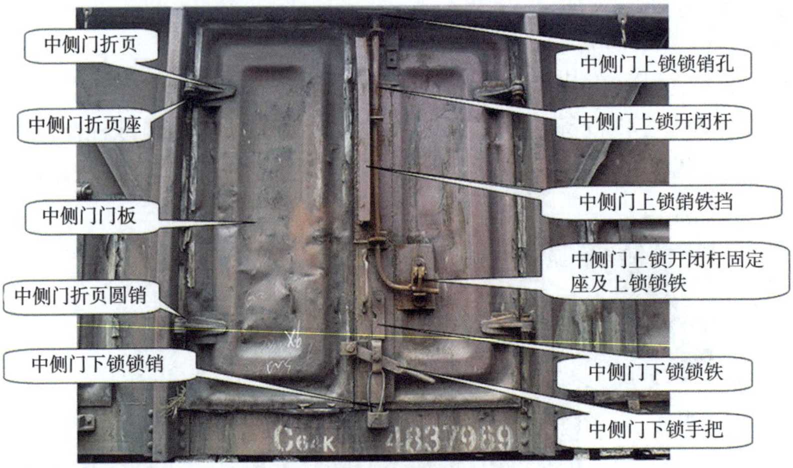

图 3-13　敞车侧门结构(60 型)

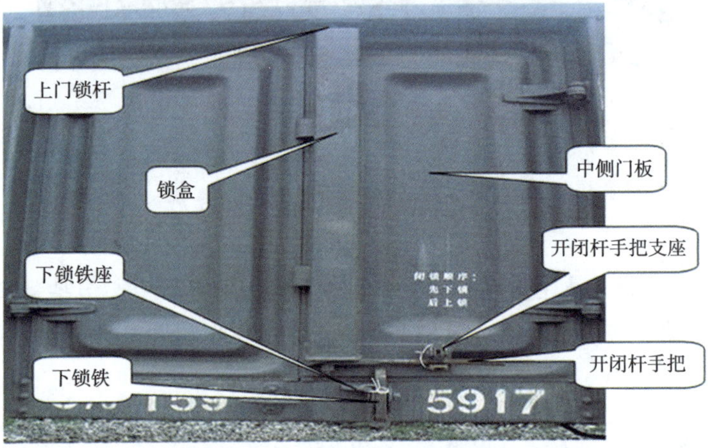

图 3-14　敞车侧门结构(70 型)

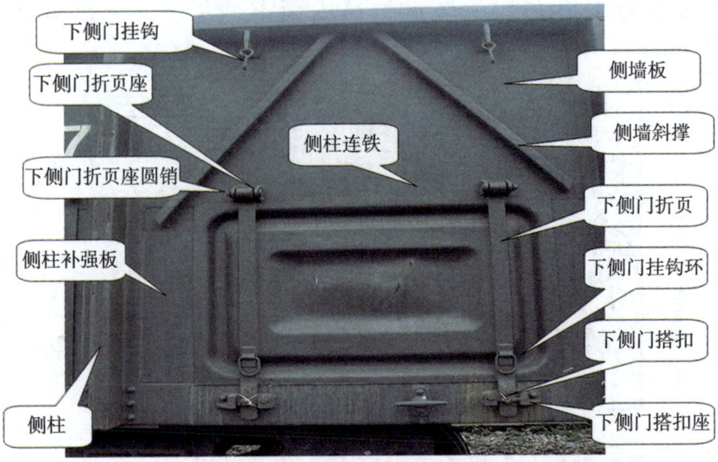

图 3-15　敞车下侧门结构

二、棚　　车

设有车顶和门、窗，可防止雨水进入，供运输各种防止雨淋、日晒的货物的车辆称为棚车。棚车主要用来运送粮食、化肥、棉纺织品、仪器等。棚车车体各结构名称如图 3-16、图 3-17 所示。

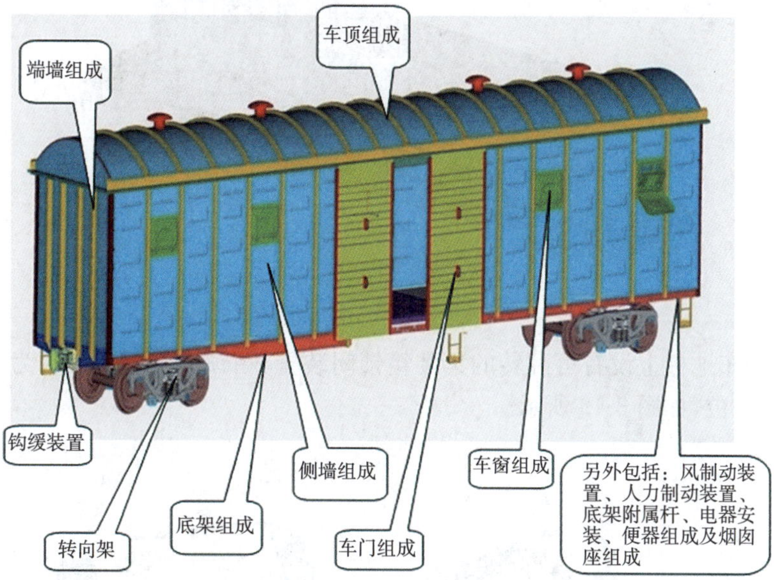

图 3-16　棚车基本结构

图 3-17　棚车中门结构

三、平　　车

平车是底架承载面为一平面，通常两侧设有柱插，有时还设有可活动向下翻倒的端墙和侧墙的车辆。平车主要用于装运木材、钢材、汽车、拖拉机、机械设备及军用装备等较大的货物。平车主要分为通用平车、集装箱平车两种。

1. 通用平车

通用平车为适应标准轨距、具有装运多种货物功能的平车。可供装载符合 ISO 668：

1995《系列 1 集装箱——分类、尺寸和额定质量》所规定的 1AAA、1AA、1A、1AX、1CC、1C、1CX 集装箱(图 3-18)及 45 英尺、48 英尺和 50 英尺国际非标箱，还可供装运钢材、汽车、拖拉机、成箱货物、大型混凝土桥梁及军用装备等货物。

图 3-18　通用平车装运集装箱

(1)通用平车地板上设有可翻转的集装箱锁闭装置，箱锁的头部朝上时为工作位，朝下放置时为非工作位，如图 3-19 所示。

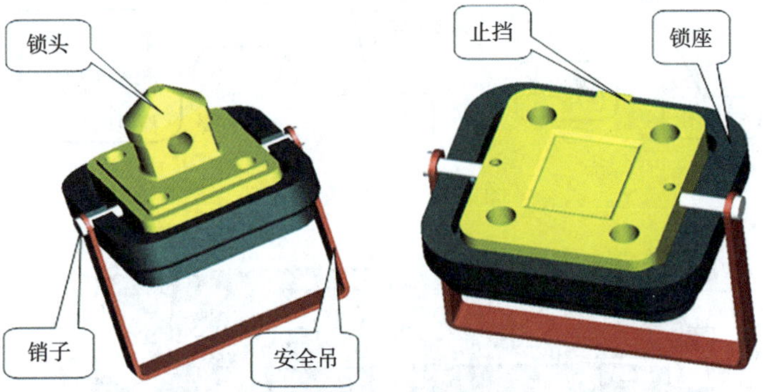

图 3-19　通用平车可翻转的集装箱锁闭装置

(2)翻转国际箱锁时，须先将锁头向斜上方提起，待止挡脱离止挡槽后，翻转锁头并落下，如图 3-20 所示。

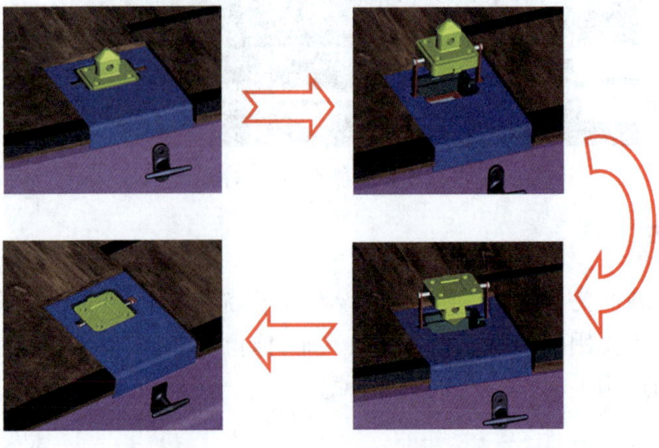

图 3-20　锁头翻转流程

(3)装载 20 英尺国际箱时,所有国际箱锁均须处于工作位,并使止挡置于锁座止挡槽内。

(4)装载 40 英尺、45 英尺、48 英尺、50 英尺国际箱时,车体中央部位的 4 个国际箱锁必须处于非工作位,其余 4 个国际箱锁必须处于工作位,并使该处止挡置于锁座止挡槽内。

(5)作普通平车使用时,所有国际箱锁均须处于非工作位。

(6)吊装集装箱前,必须首先检查各箱锁位置状态是否正确,然后将集装箱吊起,角件孔对准相应的锁头,轻轻落下。

(7)为方便整列车装运车辆及军事装备,平车两端设有活动钢质端门,放倒时可作为渡板用。在车辆运行时端门必须处于立起关闭位。特殊情况下车钩处加停止缓冲器,允许将端门放倒运行,如图 3-21 所示。

(a) 端门关闭位示意　　(b) 端门作为渡板使用示意

图 3-21　平车端板开闭示意

2. 集装箱专用平车

集装箱专用平车是地板中空专门用于装运国际标准集装箱的平车,可同时装运 2 个 20 英尺国标箱或 1 个 40 英尺国标箱,X70 型集装箱平车可以同时装运 3 个 20 英尺国标箱或 1 个 40 英尺国标箱和 1 个 20 英尺国标箱,如图 3-22 所示。

图 3-22　X70 型集装箱专用平车

集装箱专用平车的集装箱锁闭装置为 F-TR 锁(部分通用平车也安装有 F-TR 锁,如图 3-23 所示),具有防集装箱倾覆、防跳、防丢失功能,使集装箱运输更加安全,但同时也增加了集装箱装卸作业的难度。

图 3-23 F-TR 锁

四、罐　　车

罐车是专供装运液态、粉状货物的货车，主要有黏油罐车、轻油罐车等。

1. 黏油罐车

黏油罐车装运一般性黏油类介质，如原油、重柴油、润滑油等。黏油罐车一般采用上装下卸的装卸方式，如图 3-24 所示。

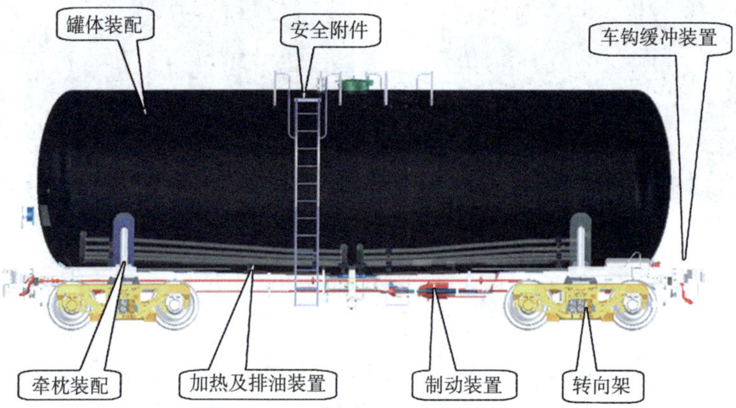

图 3-24 黏油罐车

2. 轻油罐车

轻油罐车装运轻油类介质，如汽油、柴油、煤油等。轻油罐车一般采用上装上卸的装卸方式，如图 3-25 所示。

图 3-25 轻油罐车

五、漏 斗 车

漏斗车是我国为促进铁路建设而专门设计的石砟装运、铺设车辆，如图 3-26 所示，因其优良的下卸性能，为满足其他工矿企业生产所需，在石砟漏斗车的基础上研制了煤炭漏斗车。

图 3-26　漏斗车（K 型车）

第四节　铁路货车车辆标记

为了便于对车辆的运用管理和检修，在车辆指定部位涂打的用以标明车辆配属、用途、编号、主要参数、方向、位置等的文（数）字和代号称为车辆标记。车辆标记主要由共同标记和特殊标记构成。

一、共同标记

1. 车型车号标记

车型车号标记均由基本型号、辅助型号和车辆制造顺序号码三部分组成，简称车号。

如：$C_{62}A$ 4515678

C——基本型号，敞车

62——表示重量系列

A——表示结构

4515678——号码

2. 路徽产权制造标记

（1）路徽：凡国铁集团所属的客、货车均应涂打路徽标记，如图 3-27(a)所示。

（2）产权牌：在货车侧梁的端部还应装产权牌（路徽标志牌）以区别厂矿自备车，如图 3-27(b)所示。

3. 性能标记

货车的性能标记包括载重、自重、容积、换长等标记，涂打在车体两侧外墙板上，如图 3-28 所示。

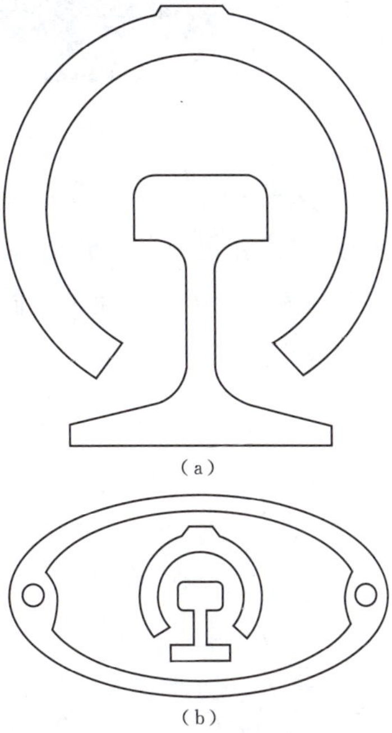

图 3-27　路徽、产权牌

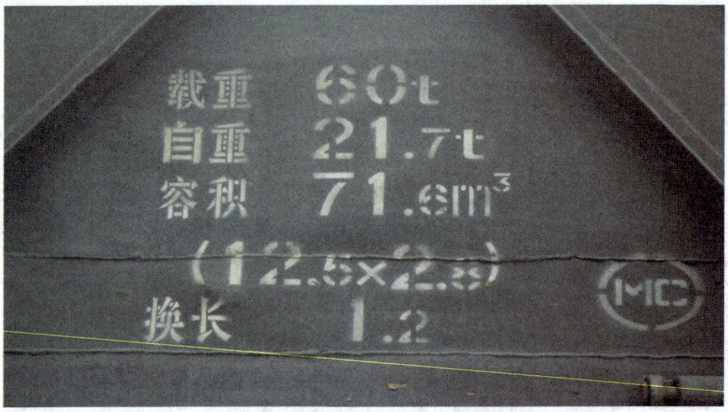

图 3-28　性能标记

二、特殊标记

1.“集中载重”标记:标明货车中部一定尺寸范围内允许承受装载重量的标记,一般打在平车侧面中部,如图 3-29 所示。

图 3-29　“集中载重”标记

2.“关”字标记㊀关:货车活动墙板及其他活动部分翻下超过车辆限界者,必须关闭好后才准运行,应在每扇门内侧及侧梁中部涂打“关”字标记。

3.“特”字标记(特):允许运输特殊货物的车辆应涂打“特”字标记,该标记涂打在车体两侧性能标记的下方。

4.“超”字标记(超):货车的某部分结构超出车辆限界时,应在该部分明显处涂打“超”字标记。

5. 禁止上驼峰标记“Ω”:禁止通过机械化驼峰的车辆应涂打“禁止上驼峰”标记,涂打在车体两侧性能标记的下方。

6. 国际联运标记“(MC)”:可以参加国际联运的车辆涂打该标记。

7. 毒品车标记,如图 3-30 所示。

图 3-30　毒品车标记

8. 厂、段修标记：如图 3-31 所示，横线上部为段修标记，下部为厂修标记，标明本次检修的年、月和检修单位，左侧为下次检修时间，右侧为本次检修时间。货车的厂、段修标记涂打在车辆两侧左端下角。

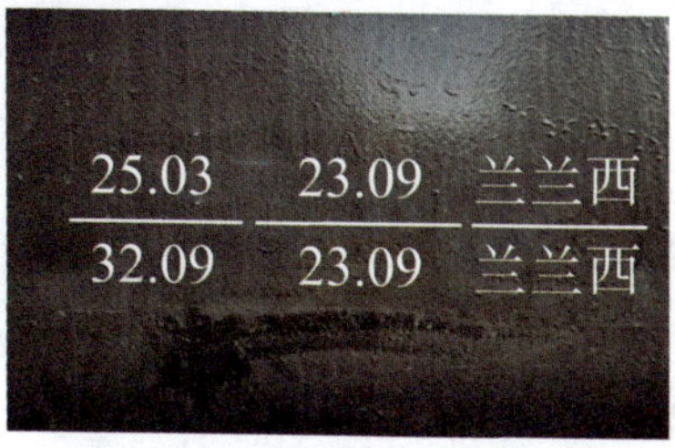

图 3-31　厂、段修标记

第四章　货检基础知识

第一节　货检站定义及分类

一、货检站定义

货检站是列车运行途经有改编或人工方式列检作业，或无改编或无列检作业但停车时间在 35 min 及以上的编组站或区段站。

二、货检站分类

货检站分为路网性和区域性货检站。路网性货检站是指纳入国铁集团日常考核的编组站。区域性货检站是指除路网性货检站外，铁路局集团公司管内有货检作业的技术作业站。

新建、改建线路时，铁路局集团公司应根据运输组织和铁路货运安全的需要设置货检站；因运输组织变化取消货物列车改编或列检作业时，可同步撤销货检站。

三、成都局集团公司管内货检站基本情况

2016 年 1 月，中国铁路总公司印发了《铁路货运检查管理规则》，公布集团公司货检站共计 7 个，其中路网性货检站 3 个(成都北、兴隆场、贵阳南)，区域性货检站 4 个(广元南、西昌南、达州、六盘水南)。货检站间平均里程 505 km，最长责任区段为兴隆场—兰州北，责任里程 900 km。

第二节　货检基本要求

一、货检站内部结构

货检站应根据货检工作需要设置相应的生产机构，配齐管理及生产作业人员，并应按班组设置货检值班员岗位，负责货检的现场组织和协调工作。

货检站应结合货物列车数量和作业均衡性、场站布局、安全检测监控设备和信息系统应用及其技术状态、货检作业内容等实际情况，按照“货检作业量适量、保证作业质量和效率”的原则，动态确定每班货运检查员(以下简称货检员)配置。货检人员应保持相对稳定。

二、货检人员应具备的条件

货运检查管理人员、货检值班员应选派思想好、责任心强、业务熟练、具有较强组织管理水平的人员担当。货检员应具有良好的职业道德和身体素质，熟悉货检业务，有独立工作的

能力。上岗前须经职业技能鉴定取得相应职业资格证书，并经专业技术和安全教育培训考试合格后方可上岗。

货检人员应具备以下条件：

1. 热爱本职工作，责任心强，具有良好的职业道德，身体健康、符合岗位职务要求。

2. 经职业技能鉴定机构鉴定合格，取得相应职业资格证书。上岗前和任职期间，还须依据有关岗位标准，经培训考核合格取得证书后方可上岗。

3. 熟练掌握《铁路货物运输规程》《铁路货物运输管理规则》《铁路货物装载加固规则》《铁路超限超重货物运输规则》《铁路鲜活货物运输规则》《铁路货物损失处理规则》《铁路集装箱运输规则》《货车篷布管理规则》《电气化铁路有关人员电气安全规则》等规章中有关装载加固、危险货物运输、超限超重、货运交接检查、超偏载问题车处理、货物损失处理等技术要求和人身安全规定。

4. 熟悉《技规》《铁路交通事故调查处理规则》《行规》《站细》等行车组织的有关规定。

5. 熟悉有关货车的技术参数和使用要求。

6. 熟悉本站内线路、设备、建筑物和列车到发、通过情况，以及调车作业情况。

7. 熟悉有关安全预案。

8. 熟悉相关安全检测监控系统和货检手持机等工具备品的操作应用。

第三节　货检设备设施及工具备品

一、货检设备设施

货检站应为货检管理和作业提供必要场所，配备计算机、摄录器材、复印机、传真机等生产作业必要设备。

货检作业待班场所应设在车站到发场，便于预检作业或能减少货检员走行距离的适当位置。

货检作业路线应硬化或以细道砟铺平；作业现场需设灯桥等照明设施，照明范围应覆盖全部作业区域，照度符合相关规定，满足夜间和雨雪雾等特殊天气下的作业需要。

货检站应有甩车整理及换装设施，具有符合作业要求的装卸货物线路、场地，装卸机械和计量衡器等。

货检站应配齐超偏载检测装置、轨道衡、轮重测定仪等货运计量安全检测设备及视频监控设备。

二、货检工具备品

货检站应配备以下主要工具和备品：手持机、对讲机、工具包、钢尺、吊锤、电工刀、断线钳、铁锤、撬棍、照明灯具，8 号、10 号镀锌铁线，绳索、扒锔钉、钉子、绞棍以及施封锁、消防器材、危险货物检测仪、应急救援防毒面具等。

运用铁路货检安全监控与管理应用（简称“货检应用”）的货检站应保证现场作业时货检人员人手 1 台手持机，并备用适当数量的对讲机以在手持机故障时使用。

货检站应建立货检工具和备品登记簿，按照便于取用的原则，在适当的处所设立工具备品室(柜),个人备品与公用备品分室(柜)存放,定置管理。

货检站应加强货检工具和备品的使用培训和日常维护,保证状态良好,可用、会用。

第四节　货检作业主要内容

一、区段负责制

铁路货检实行区段负责制。区段负责制是指货检站按规定的检查范围、技术要求和作业标准,对货物列车(含军用列车,下同)进行货检作业后,保证货物列车安全继运到下一个有货检作业的货检站,并承担相应的安全责任。发生问题后能有效证明货检站工作质量良好的,可不按区段负责制列货检站责任。

对中间站保留及甩挂作业的货物列车,车站发现问题后要及时处理,中间站应保证货物列车安全继运到下一货检站。

二、货检作业主要项点

1. 货物列车中货物装载、加固状态。

2. 货车篷布及篷布绳网苫盖、捆绑状态。

3. 施封(罐车、集装箱、SQ 型或 JSQ 型车端门处施封除外)。

4. 货车门、窗、盖、阀关闭情况,以及罐式集装箱盖、阀关闭情况。

5.《铁路超限超重货物运输规则》规定的事项(不检查军用超限货物的超限超重货物运输记录)。

6. 设备检测发现的超偏载问题。

7. 货车、货物、集装箱、篷布等顶部和敞车内货物等视频监控设备可视部位的情况。

8. 危险货物押运人押运情况。

9. 对无列检作业的车站,还应检查自动制动机的空重位置,不符合时应进行调整。

10. 核对现车,并与司机办理纸质货运票据(编组)交接手续。

11. 国铁集团、集团公司规定的其他事项。

货检站对到达解体、编组始发、有甩挂作业以及停车时间在 35 min 及以上的货物列车,应组织货检作业。

对图定停车时间不足 35 min,但实际停车将超过 35 min 的货物列车,货检员应根据车站调度员(值班员)的通知,进行货检作业,并应在“货检工作日志”中记录。

配置视频监控、货运计量安全检测监控系统的货检站,应对通过或停站不足 35 min 的货物列车进行监控检查,发现危及行车安全情况,及时通知车站调度员(值班员)处理。

三、货检作业方式

到达货检作业实行“机检为主,人检为辅”的作业方式,出发货检作业实行“人检为主,人机结合”的作业方式。

机检作业方式是货检人员利用“货检应用”视频监控系统、货运计量安全检测监控系统进行的货检作业,负责范围是货物(车)可视部位、货车超偏载等情况;人工检查作业方式是现场货检员对作业线路上停留列车的检查，负责范围是除设备检测发现的超偏载问题，货车、货物、集装箱、篷布等顶部或敞车内装载高度不超出端侧墙货物的装载加固状态以外的货检工作内容；人机分工检查作业方式是机检为主、人工检查为辅的货检作业，人工检查侧重于对重点车进行检查确认。

重点车的范围包括施封棚车、装载超限货物及军运装备物资的车辆、机检检查发现的问题车辆、超出敞车车帮易窜动货物车、装载卷钢类货车（使用钢座架装载卷钢的除外）、装载货物的平车（含长大货物车，集装箱除外）、苫盖篷布的货车和装载剧毒品、液化气体、爆炸品、硝酸铵等危险货物的车辆，以及其他重点货车。

第五章　货检作业检查项点及标准

第一节　人工检查作业

一、货物列车货物装载、加固状态

1. 货物是否存在倾斜、移位、滚动、倾覆、倒塌、坠落、窜动和渗漏。

2. 加固材料、装置是否完好无损。

3. 货物或其部件是否发生旋转、开放或撒漏。

4. 加固绳索、铁线捆绑拴结是否符合规定。

5. 超限超重等级标识是否齐全，是否标画超限、超长货物检查线。

6. 货物超限装载和特定区段装载限制是否符合有关规定。

二、篷布和篷布绳网、苫盖物状态

1. 篷布苫盖平坦，货物无外露，两侧线条流畅，篷布及篷布绳网绳索拴结、捆绑位置正确，绳结牢固无松弛。

2. 篷布两侧下垂高度一致，无破损。腰绳、压绳、角绳、端绳齐全。

3. 篷布绳网网眼完全张开，与篷布密贴，篷布绳网完全盖住篷布。

4. 人力制动机一端，篷布下垂符合要求，角绳、端绳齐全，端绳、角绳经过闸台和提钩杆时，应从内侧穿过，不得拴结在闸台和提钩杆上。货车人力制动机盘外露，不影响人力制动机及提钩杆使用。端绳垂直下拉，角绳交叉斜拉，分别捆绑在车端绳栓上。压绳压紧包角，捆绑在车侧绳栓上，绳索捆绑牢固，无松弛脱落，绳头余尾符合要求。

5. 重点确认内容：

(1)篷布和篷布绳网是否存在脱落危险。

(2)篷布绳索及篷布绳网是否飘起、破损，腰绳、边绳、压绳等绳索是否缺失。

(3)篷布及篷布绳网、绳索是否松动。

(4)货物外包装可视部位是否有破损、掀起，伪装网、罩衣等苫盖物是否有苫盖不良。

(5)敞顶集装箱篷布苫盖捆绑是否有异常情况(可视部位)。

三、货车门、窗、盖、阀关闭状态

1. 棚车车门、窗关闭良好，车体外观无破损，车门上、下无脱槽，左、右无脱框。

2. 敞车下侧门关闭良好，搭扣关闭良好，铁线辅助捆绑良好。门折页无折断、未脱焊，中门关门顺序正确，关闭良好，上插销锁头入锁孔，下锁落锁良好，手把入座，铁线辅助捆固良好，两侧门折页无开焊、无裂痕。

3. 罐车、罐式集装箱盖阀关闭良好。

4. 平车端侧板关闭情况，涂打㊮的平车运行时，端板应处于立起关闭状态(特殊情况除外)。

5. 车门门扣锁闭顺序正确、状态良好，上部门扣或下部门把处铁线辅助捆绑良好。

6. 重点确认敞车中门、下侧门，棚车、集装箱、JSQ 型车等车门关闭状态。

四、集装箱装载状态

1. 集装箱使用集装箱专用平车或共用平车装运，禁止使用普通平车装运。

2. 确认车辆锁头齐全，并翻转到位，状态良好，集装箱角件完全落锁。

3. 装载两个 20 英尺集装箱时，集装箱箱门应朝向相邻集装箱装载。

4. 未安装 F-TR 型锁的集装箱专用平车或共用平车装运空集装箱时，须使用 4 股及以上 8 号镀锌铁线捆绑牢固。其中，使用共用平车时，将集装箱底部角件与车辆捆绑牢固；使用专用平车时，将相邻两箱底部角件捆绑在一起，仅装运一箱时，将集装箱底部角件与车辆底架捆绑牢固。卸车前，须将铁线剪断并清除干净，防止损坏车辆和箱体。

5. 箱门处的集装箱专用平车门挡或共用平车的端板立起。

6. 敞顶箱：篷布苫盖良好。篷布端部眼圈套入敞顶箱端部绳圈，将端压绳依次穿过端部绳圈，并与侧面绳圈牢固拴结。系绳与敞顶箱侧面绳圈牢固拴结。

7. 罐式箱：箱体框架无开裂、变形，蒙皮无翘起，铆钉无脱落，罐体、阀门、管路无渗漏，扶梯无缺损、脱落。

8. 冷藏式集装箱：柴油机保护框、附属部件牢固、无松脱，柴油机、压缩机等部位无油迹渗漏。

9. X4K 集装箱平车：两端箱位装载集装箱、中间箱位未装载集装箱时，箱门应朝向外侧门挡。

10. 端部有门的 20 英尺箱使用集装箱专用平车或共用平车装运时，箱门应朝向相邻集装箱。

11. 箱体四周无杂物、无悬挂物，车辆无倾斜，箱体四周无破损，箱门关闭良好，货物无撒漏、渗漏。

12. 经青藏线格拉段(不含格尔木站)运输的集装箱执行以下规定：重集装箱禁止使用敞车装运，空集装箱禁止使用未安装 F-TR 型锁的集装箱专用平车装运。

发往台州南站的集装箱不得使用敞车装运。

13. 重点检查确认：

(1)集装箱箱体可视部位有无异状，箱门是否开启。

(2)集装箱货物是否有撒漏、渗漏。

(3)专用平车、平集共用车装运的集装箱是否落锁。

(4)确认左右箱门锁舌和把手是否入座。

五、施封(罐车、集装箱、SQ 型或 JSQ 型车端门处施封除外)

1. 封印是否失效、丢失、断开，不破坏封印即可开启车门。

2. 施封是否有效。

(1)货物列车无改编作业时，仅凭列车编组顺序表的有关记载检查施封是否有效，不核对站名、号码。

(2)货物列车有改编作业时，交接时只核对站名，不核对号码。

3. 施封位置是否正确(正确为下部施封)。

六、铁路超限超重货物运输(不检查军运超限货物的超限超重运输记录)

1. 有无超限超重货物运输记录及其填写是否完整。

2. 货物两侧明显位置,是否有超限、超重等级标识。

3. 是否标画有检查线,货物装载加固是否良好,加固材料是否有松动和损坏。

七、铁路危险货物押运管理

1. 运输爆炸品(烟花爆竹除外)、硝酸铵实行全程随货押运。剧毒品、罐车装运气体类(含空车)危险货物实行全程随车押运。装运剧毒品的罐车和罐式箱不需押运。其他危险货物需要押运时按有关规定办理。

2. 爆炸品、硝酸铵、剧毒品(非罐装、铁路危险货物品名表"特殊规定"栏有第67条特殊规定的)、气体类和其他另有规定的危险货物运输作业实行签认制度。作业应按规定程序和作业标准进行并签认。要对作业过程内容的完整性、真实性负责,严禁漏签、代签和补签。签认单保存期半年。

货检站未进行货检作业时,可不进行签认。

3. 押运员押运时应携带培训合格证明。

4. 押运员应按规定穿着印有红色"押运"字样的黄色马甲,不符合规定的不得押运。押运间仅限押运员乘坐,不允许闲杂人员随乘,执行押运任务期间,严禁吸烟、饮酒及做其他与押运工作无关的事情。

5. 押运员在押运过程中必须遵守铁路运输的各项安全规定,并对所押运货物的安全负责。

6. 押运员在途中要严格执行全程押运制度,认真按照"全程押运签认登记表"要求进行签认,严禁擅自离岗、脱岗。严禁押运员在区间或站内向押运间外投掷杂物。运行时,押运间的门不得开启。对押运期间产生的垃圾要收集装袋,到沿途有关站后,可放置车站垃圾存放点集中处理。

7. 押运管理工作实行区段签认负责制。货检人员须与押运员在所押运的车辆前签认,要对押运备品及押运间状态进行检查,不符合要求的要甩车处理。签认内容见"全程押运签认登记表"。托运人再次办理运输时(含须押运的气体类罐车返空)须出具此登记表,并由车站保留三个月。对未做到全程押运的,再次办理货物托运时车站不予受理。

8. 同一托运人、同一到站押运方式、车辆及人数规定:

(1)气体类6辆重(空)罐车(含带押运间车辆)以内编为1组。1~6车押运员不得少于2人,7~12车押运员不得少于4人,13~18车押运员不得少于6人。每列编挂不得超过3组。每组间的隔离车不得少于10辆(原则上需要用普通货物车辆隔离)。装运爆炸品(含烟花爆竹)、硝酸铵、气体类车辆与牵引机车隔离不少于4辆。

(2)剧毒品4辆(含带押运间车辆)以内编为1组,每组2人押运;2组以上押运人数由集团公司确定。

(3)硝酸铵4辆以内编为1组,每组2人押运;2组以上押运人数由集团公司确定。

(4)爆炸品(烟花爆竹除外)每车2人押运。

上述车辆编组隔离除符合本条规定外,还须符合"铁路车辆编组隔离表"的规定。

派有押运员的车辆，成组挂运时，途中不得拆解。

9. 新造出厂的和洗罐站洗刷后送检修地点的及检修后首次返空的气体类危险货物罐车不需押运，但须在运单、货票注明“新造车出厂”、“洗刷后送检修”或“检修后返空”字样。

10. 运输时发现押运员身份与携带证件不符或押运员缺乘、漏乘时应及时甩车，做好记录，并通知发站或到站联系托运人、收货人立即补齐押运员后方可继运。

八、其　　他

1. 货车发生火灾。
2. 货车车体外部可视部位存在残货或杂物直接危及行车安全的。
3. 货车上有无扒乘和闲杂人员。
4. 对无列检作业的车站，还应检查自动制动机的空重位置，不符合时应进行调整。
5. 车辆端部、车钩、闸台无杂物，无悬挂物，车辆无倾斜。
6. 危险货物罐车(罐箱)发生渗漏、溢冒、泄漏。
7. 施封位置正确。施封站名号码清晰，施封落锁有效。
8. 存在直接危及行车安全的其他情形。

第二节　货检机检作业

一、棚车视频监控重点

根据《铁路货运检查管理规则》第 23 条，货检主要内容(四)：“货车门、窗、盖、阀关闭情况，以及罐式集装箱盖、阀关闭情况”，机检人员应对棚车门窗关闭、车体外部悬杂物情况进行检查。

(一)检查车门、车窗锁闭情况

1. 标准要求，如图 5-1 所示。除有押运人或确需敞门通风运输的货物外，其余棚车敞门运输均为异常情况，需核实处置。

图 5-1　车门部件齐全、锁闭良好

2. 棚车车门、车窗关闭不良示例，如图 5-2～图 5-4 所示。

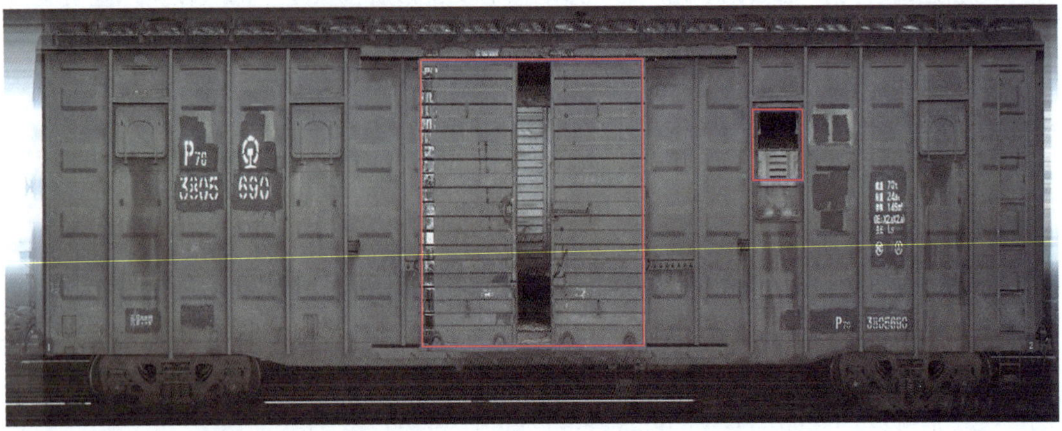

图 5-2　棚车车门、窗未关闭

图 5-3　棚车车门未关闭

图 5-4　棚车车窗未关闭

3. 棚车车门锁闭不良示例，如图 5-5～图 5-8 所示。

图 5-5　棚车中门锁铁翻转不到位

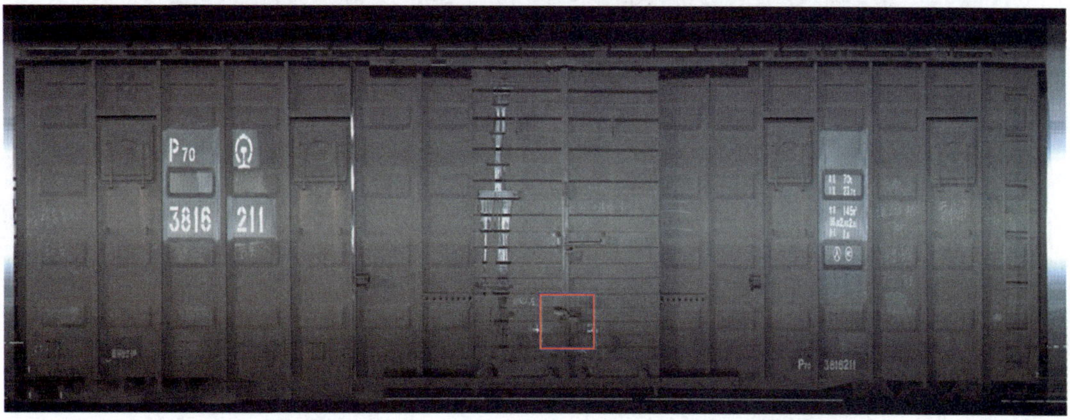

图 5-6　棚车中门锁铁未完全落锁

图 5-7　棚车中门锁铁未按要求翻转

图 5-8　棚车中门部件损坏

(二)检查车门外胀及脱槽情况

1. 标准要求,如图 5-9 所示。车门两侧及顶部无脱框(破损)及整体滑动。

图 5-9　棚车中门部件齐全、锁闭良好

2. 中门外胀、脱落、整体位移示例,如图 5-10、图 5-11 所示。

图 5-10　棚车车门上部外胀、损坏

图 5-11　棚车车门脱落

(三)检查棚车装运货物(包装、衬垫)坠落或撒漏情况

1. 标准要求,如图 5-12 所示。中门门缝处无异物外漏。

图 5-12　棚车车门处无异物悬挂、掉落

2. 棚车车门悬杂物示例,如图 5-13、图 5-14 所示。

图 5-13　棚车车门处悬挂异物

图 5-14　棚车车内货物(衬垫物)外漏

(四)检查棚车车体杂物情况

1. 标准要求,如图 5-15 所示。棚车车体三面可视位置无明显悬杂物。

图 5-15　棚车车体可视图无异物

2. 棚车车体杂物示例,如图 5-16、图 5-17 所示。

图 5-16　棚车车顶杂物

图 5-17　棚车车门侧杂物

二、敞车视频监控重点

(一)检查敞车车门配件完整性及车门关闭情况

1. 标准要求,如图 5-18 所示。敞车车门配件齐全、完好;关闭后,锁头应插入上侧梁锁孔中,锁铁应压紧至闭锁位,手把应完全卡进止挡铁内。

图 5-18　敞车无异状

2. 敞车车门问题示例,如图 5-19、图 5-20 所示。

图 5-19　敞车侧开门上门锁活动挡缺失

图 5-20　敞车侧开门上门锁杆未入锁、车帮杂物

(二)检查下侧门部件齐全、锁闭良好

1. 标准要求,如图 5-21 所示。下侧门锁闭良好,且侧门搭扣完整入槽,折页及座无折断,部件无丢失。

图 5-21　敞车下侧门部件齐全、锁闭良好

2. 敞车下侧门问题示例,如图 5-22 所示。

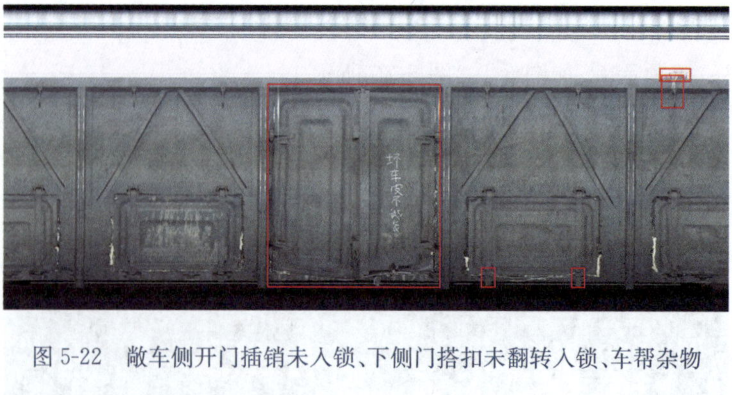

图 5-22　敞车侧开门插销未入锁、下侧门搭扣未翻转入锁、车帮杂物

(三)检查车体及车内杂物清理情况

1. 标准要求:敞车车体、车帮、车厢内不得有悬杂物。

2. 敞车杂物问题示例,如图 5-23～图 5-25 所示。

图 5-23　敞车车内杂物未清理

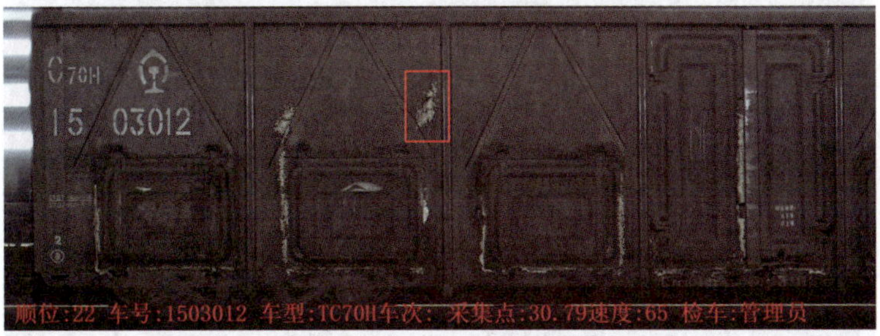

图 5-24　敞车侧门悬杂物

图 5-25　敞车车帮悬杂物

(四)敞车装运卷钢类货物检查要点

1. 标准要求:货车、货物顶部和敞车内货物等视频监控设备可视部位的情况良好;卷钢无滚动、移动、窜动现象,加固线良好无松动、折断,座架和集束捆绑良好。

2. 敞车装运卷钢类货物问题示例,如图 5-26～图 5-29 所示。

图 5-26　敞车卷钢发生位移

（五）敞车装运钢材类货物检查要点

1. 标准要求：货车、货物顶部和敞车内货物等视频监控设备可视部位的情况良好；货物装载均衡、稳定，不偏载偏重，无窜动、移动、倾斜、倒塌、滚动等现象，加固线良好，无松动、折断现象。

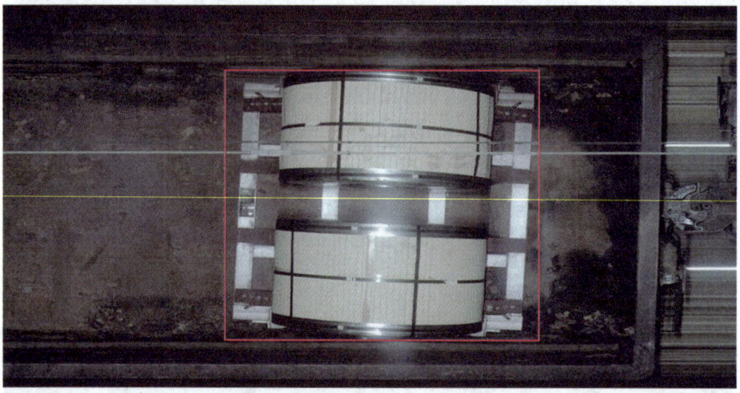

图 5-27　敞车卷钢座架发生位移

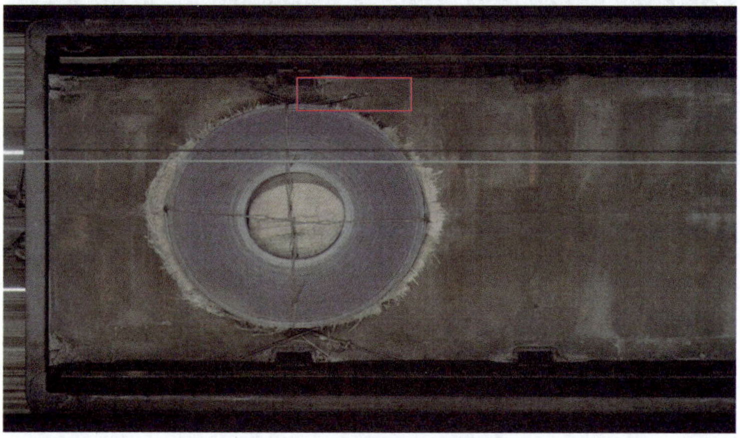

图 5-28　敞车装运卷钢加固绳索断裂、松动

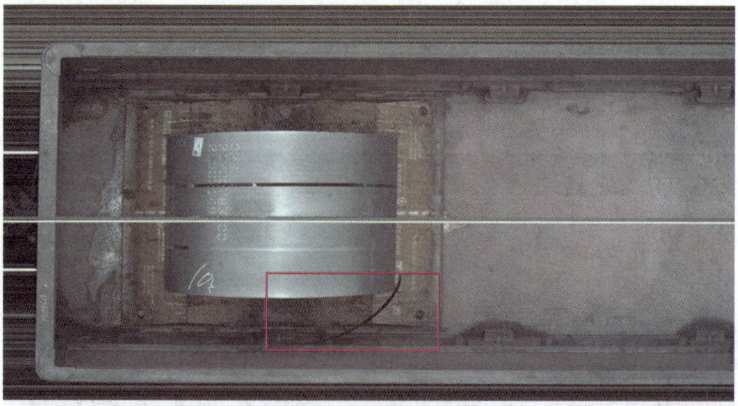

图 5-29　卷钢包装钢带松脱

2. 敞车装运钢材类货物问题示例，如图 5-30～图 5-34 所示。

图 5-30　装运钢板、螺纹钢等货物，货车端墙破损造成货物窜出

图 5-31　敞车装运盘条超出车帮

图 5-32　敞车装运型钢超出车帮、货物位移

图 5-33　敞车装运货物加固绳索断裂

图 5-34　废钢网破口

(六)敞车苫盖篷布检查要点

1. 标准要求:货车、篷布顶部视频监控设备可视部位的情况良好;篷布及绳网苫盖平整良好,无破烂现象,绳索齐全,捆绑良好,低篷布无积水现象;高出车帮的篷布车四周无鼓包,货物无窜动、坠落现象。

2. 敞车苫盖篷布问题示例,如图 5-35～图 5-39 所示。

图 5-35　货车篷布顶部破损

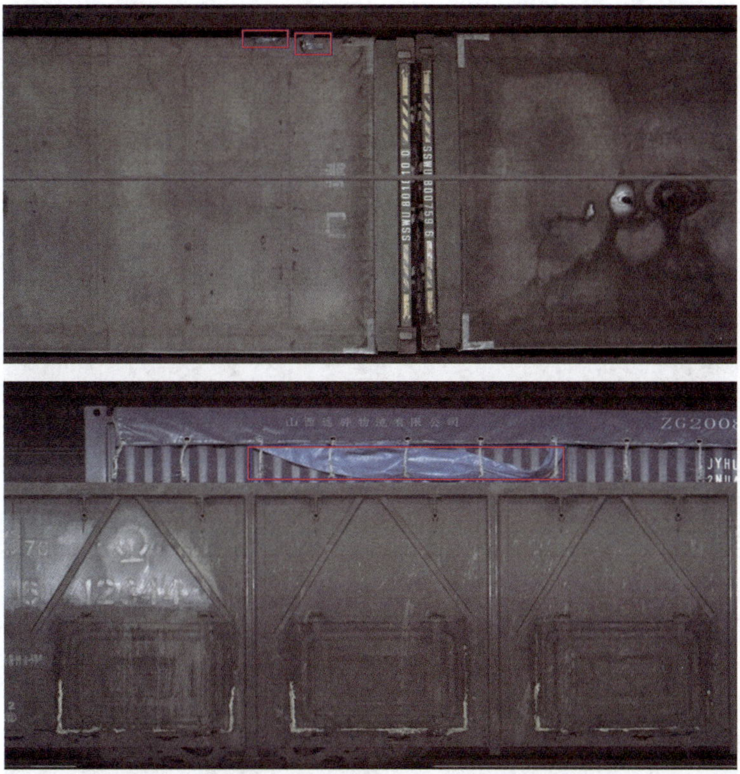

图 5-36　敞车苫盖篷布(敞顶箱篷布)破裂

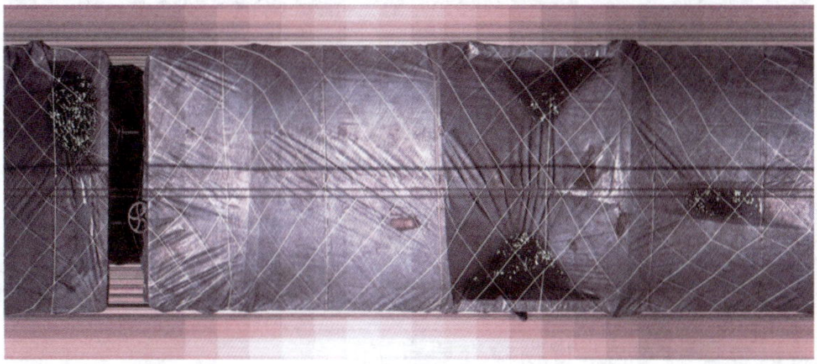

图 5-37　篷布顶部(局部)垮塌

图 5-38　篷布顶部集雨拉扯篷布绳网

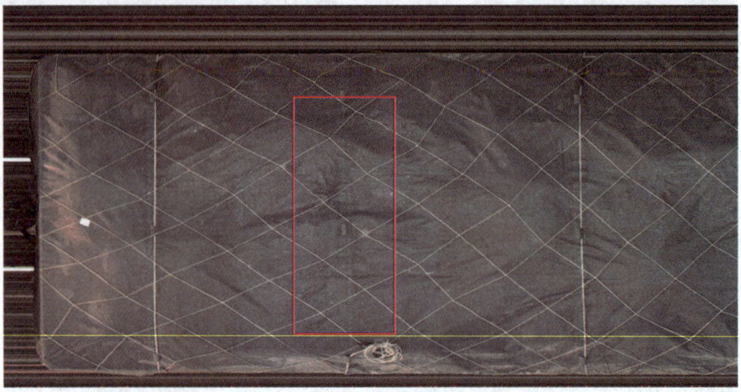

图 5-39 篷布绳索断裂

(七)敞车装运散堆装货物检查要点

1. 标准要求:货车、货物顶部和敞车内货物等视频监控设备可视部位的情况良好;顶部货物图像平整,无塌陷凹坑现象,货物无撒漏,衬垫物无飘起。

2. 敞车装运散堆装货物问题示例如图 5-40 所示。

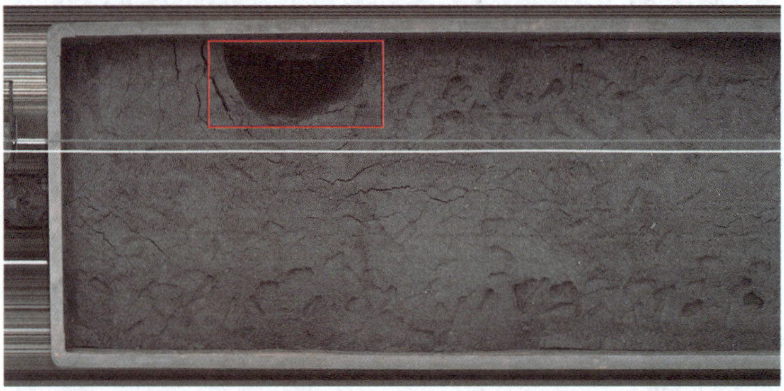

图 5-40 敞车装运散堆装货物撒漏(端部)

三、平车视频监控重点

(一)平车装运装备(工机类)货物检查要点

1. 标准要求:检查端侧板关闭状态;装载货物是否位移,货物及丁字铁上加固线是否松动、脱落、折断,货物顶部、外部无异物,装备门窗关闭,自苫布良好,驮背运输时,车厢内或拖车上物品是否位移、倾覆、倒塌或坠落。

2. 问题示例,如图 5-41～图 5-47 所示。

(二)平车装运其他货物检查要点

1. 标准要求:货物不偏载偏重,无窜动、滚动,加固线良好,无松动、折断现象,加固材料及装置完好。长轨车重点检查确认座架良好,横隔梁无旋转,安全门无位移;两端钢轨无明显窜动位移,拉牵及整体下压绳索无松动和断裂,钢丝绳夹无脱落。预应力梁重点检查确认检查线及超限等级标志标识标画清楚;加固绳索及斜支撑无倾斜断裂,衬垫材料、掩挡材料无位移、窜动及断裂;车体拴结点及货物拉牵点无破损断裂。

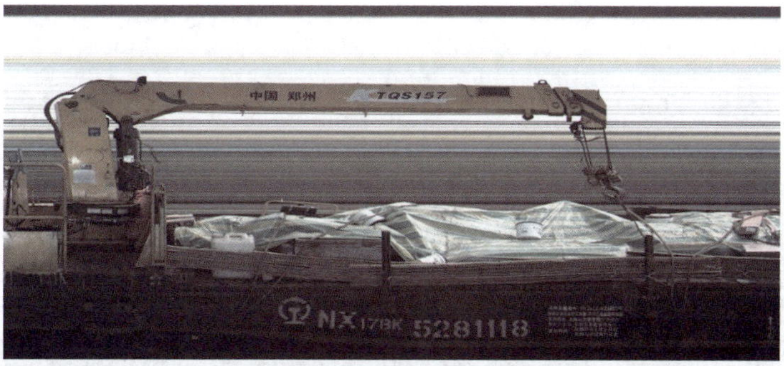

图 5-41　路用车违规装载

图 5-42　端板未立起

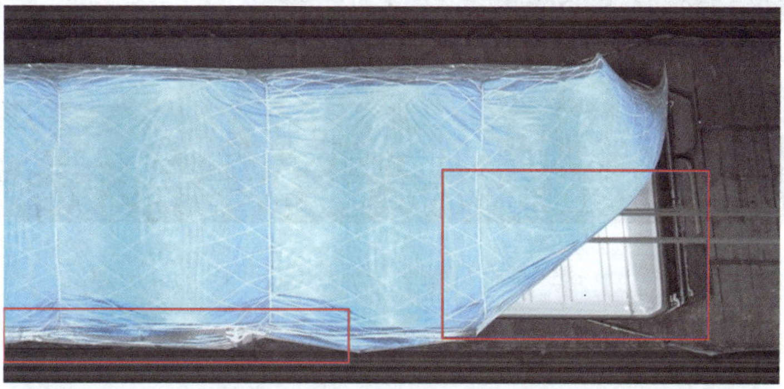

图 5-43　货物自带罩布破损、掀起

图 5-44　超限等级标识脱落

图 5-45　超限货物未标画检查线

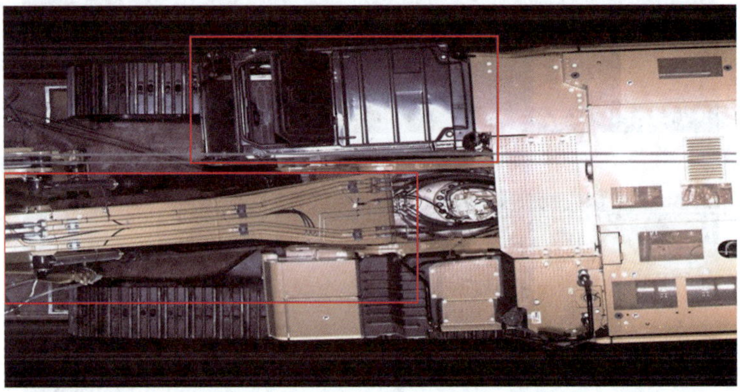

图 5-46　工机装备顶盖(窗)开启

图 5-47　工机装备加固绳索松动(断裂)

2. 问题示例,如图 5-48～图 5-59 所示。

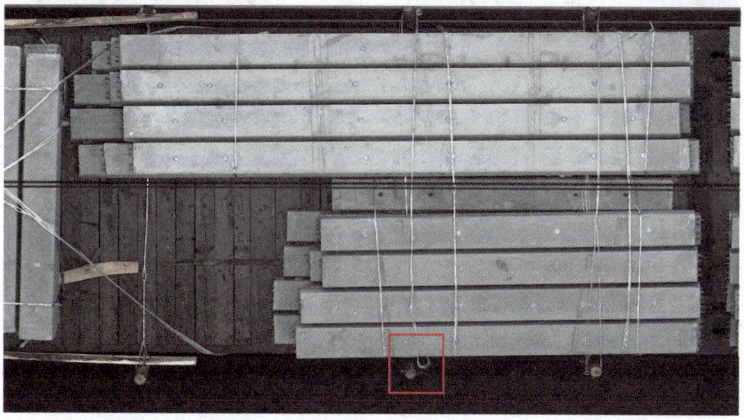

图 5-48 货物加固绳索脱落

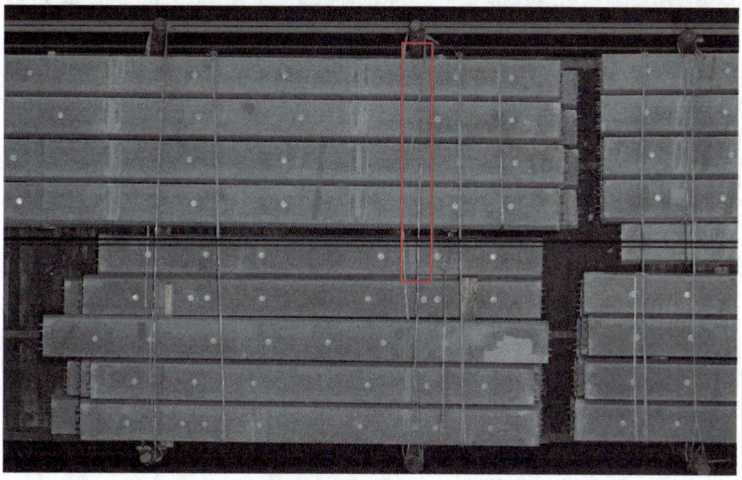

图 5-49 货物加固绳索断裂

图 5-50 平车装运钢板窜动

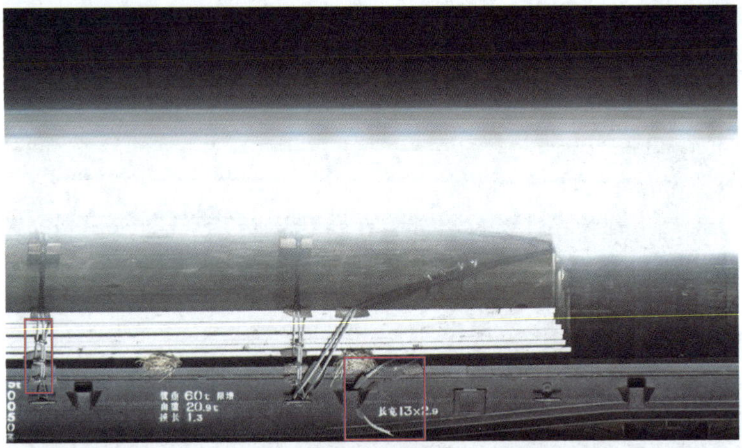

图 5-51　平车装运钢板侧向加固绳索断裂

图 5-52　平车装运长轨窜动

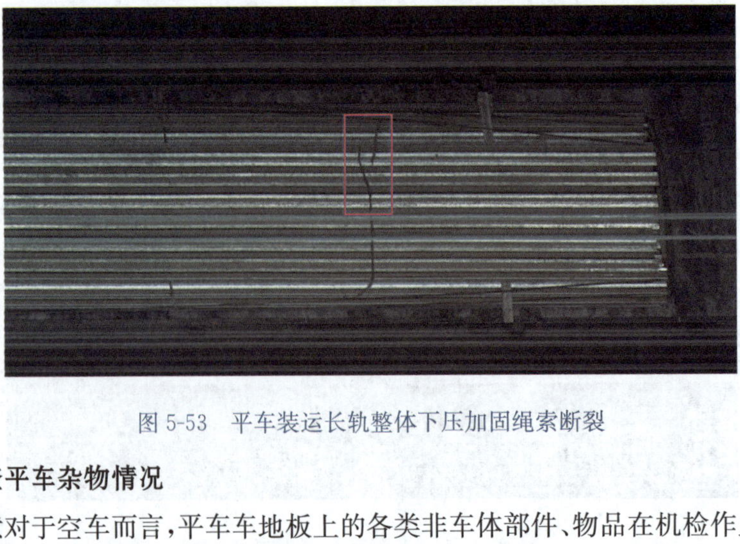

图 5-53　平车装运长轨整体下压加固绳索断裂

(三)检查平车杂物情况

特别注意对于空车而言，平车车地板上的各类非车体部件、物品在机检作业时均可视为“杂物”，并在人工检查作业环节给予确认和处置，如图 5-60 所示。

图 5-54　平车装运长轨拉牵加固线断裂(松动)

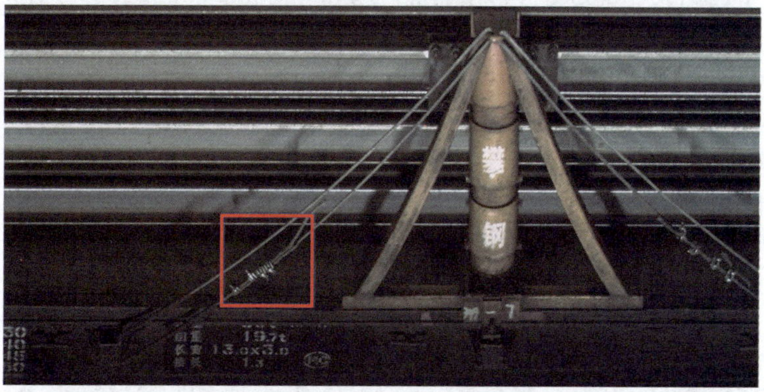

图 5-55　平车装运长轨 U 形夹松脱

图 5-56　平车装运卷钢货物位移

图 5-57　平车装运卷钢加固绳索(包装钢带)松动、松脱

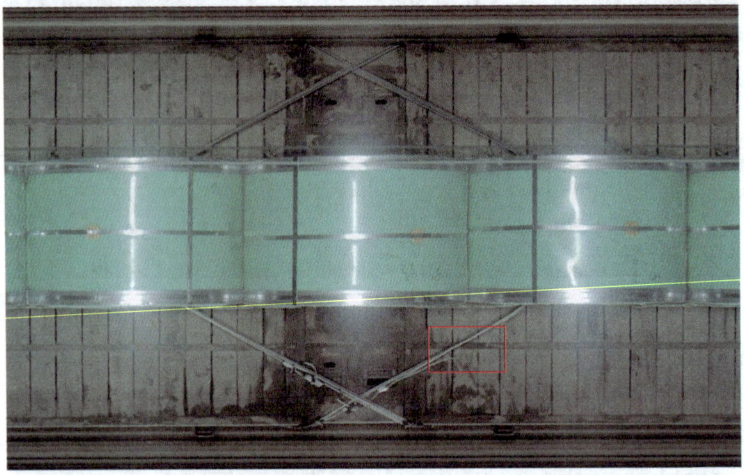

图 5-58　平车装运卷钢加固绳索断裂

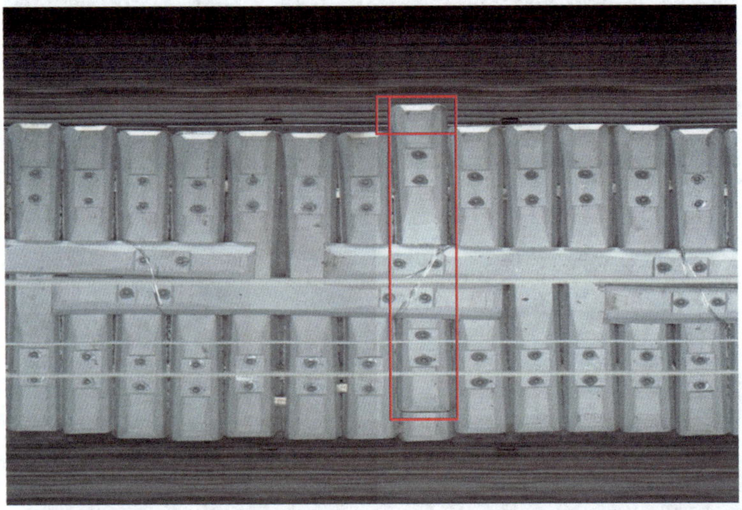

图 5-59　平车装运轨枕货物位移

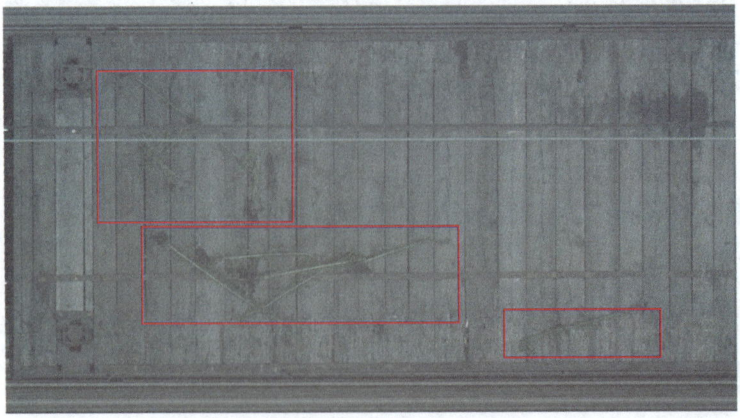

图 5-60　平车车地板杂物

(四)其他检查要点

运输过程中,平车端侧板均应处于立起状态。

四、罐车视频监控重点

1. 标准要求:罐车检查人孔盖关闭,螺栓是否齐全、是否全部拧固;车体外部、通过台无异物,罐车顶部、工作台无异物;罐体及顶盖阀门是否有渗漏痕迹。

2. 问题示例,如图 5-61～图 5-65 所示。

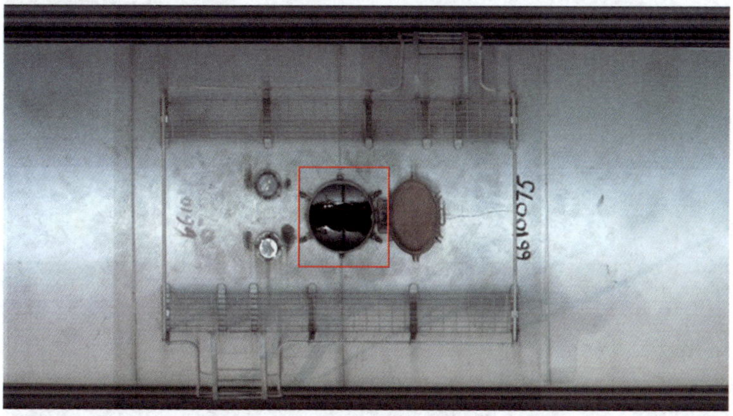

图 5-61　罐车顶盖未关闭

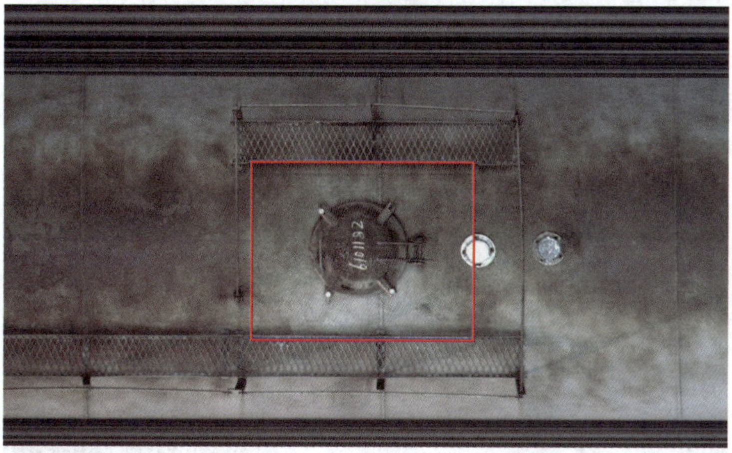

图 5-62　罐车人孔盖螺栓不全或拧固不牢

五、集装箱车视频监控重点

(一)平车装运集装箱检查要点

1. 标准要求:平车装运集装箱时,检查集装箱底部角件是否入锁、箱门关闭情况、箱体悬杂物情况。

2. 问题示例,如图 5-66～图 5-70 所示。

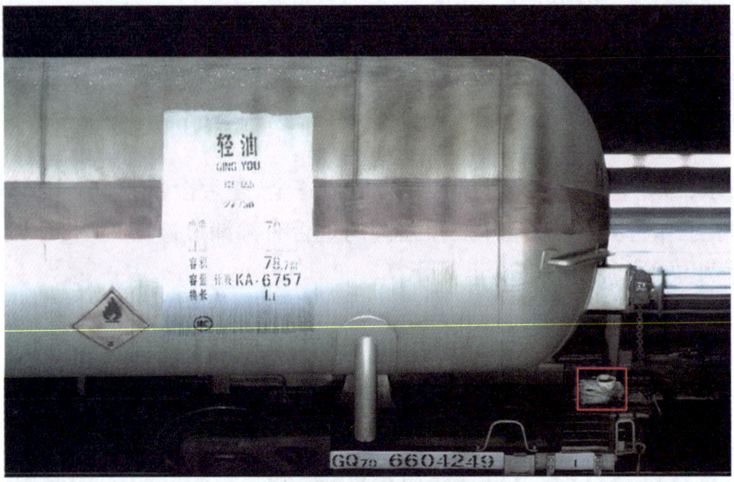

图 5-63　罐车车体杂物

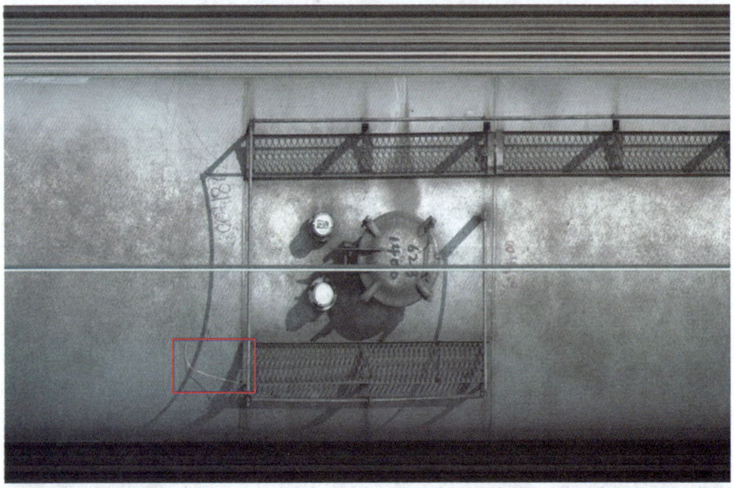

图 5-64　罐车车顶杂物

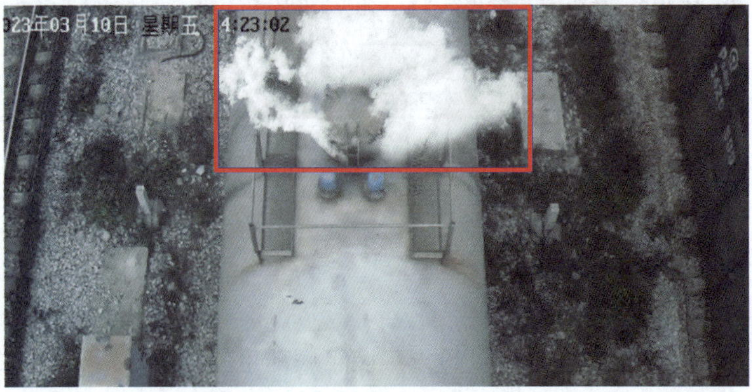

图 5-65　罐车货物泄漏

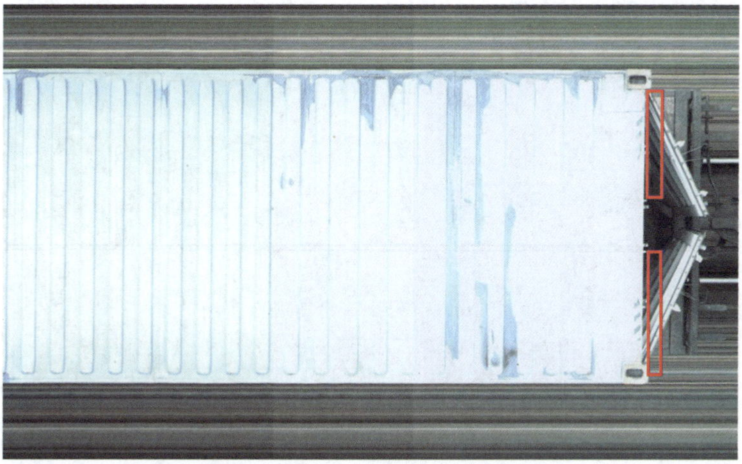

图 5-66　平车装运集装箱箱门未锁闭

图 5-67　平车装运集装箱箱体破损

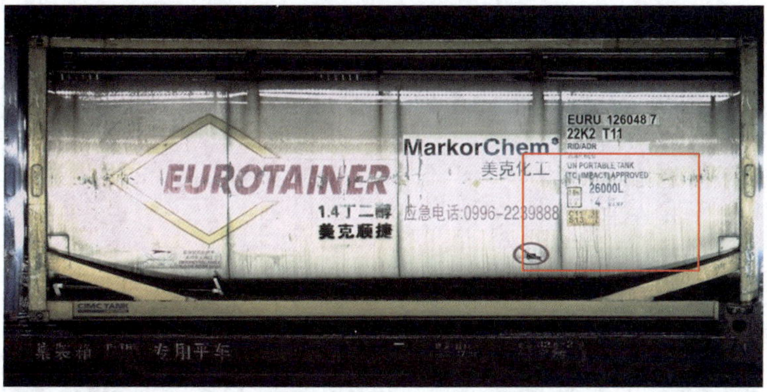

图 5-68　平车装运罐式箱货物渗漏

(二)敞车装运集装箱检查要点

1. 标准要求:箱门关闭良好,装载均衡稳固,敞车车门关闭,车体外部无异物,箱顶、箱体上无异物。

2. 问题示例,如图 5-71 所示。

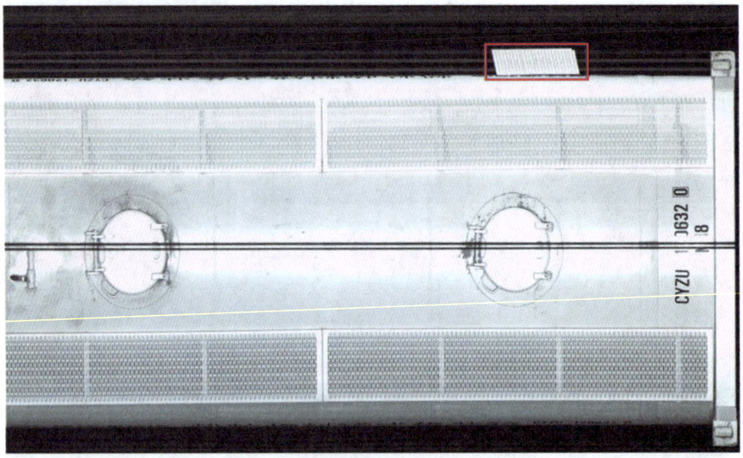

图 5-69　平车装运罐式箱窗户打开

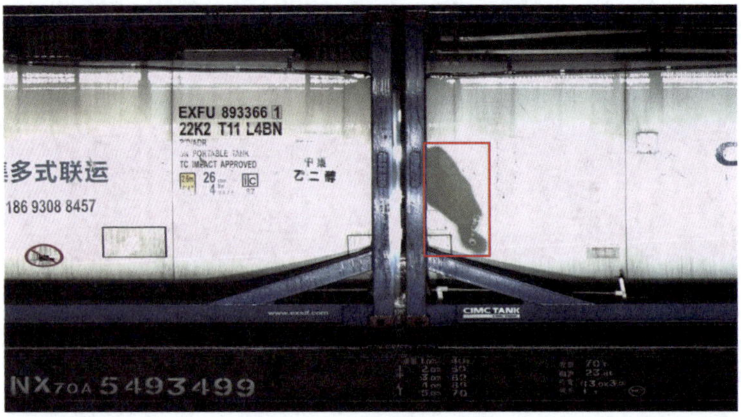

图 5-70　平车装运罐式箱蒙皮破损(货物渗漏)

图 5-71　集装箱箱门未锁闭

(三)罐式箱检查要点

1. 标准要求：参照普通集装箱及罐车检查标准，需额外注意罐式箱蒙皮破裂、顶盖掀起等问题。

2. 问题示例，如图 5-72、图 5-73 所示。

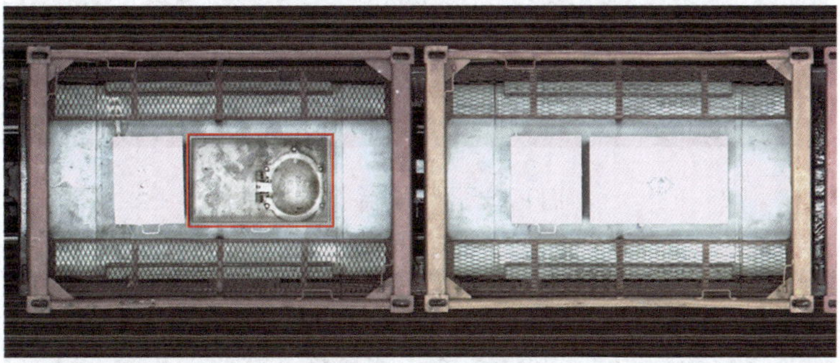

图 5-72　罐式箱顶盖打开

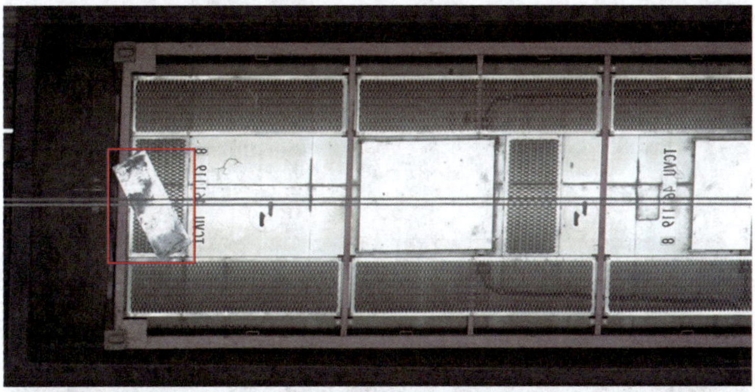

图 5-73　罐式箱顶盖脱落

(四)敞顶箱检查要点

1. 标准要求：敞顶箱重点检查篷布苫盖绳索捆绑良好，篷布顶、车、箱体上无异物。

2. 问题示例，如图 5-74～图 5-77 所示。

图 5-74　敞顶箱篷布系绳捆绑不良

图 5-75　敞顶箱篷布破损

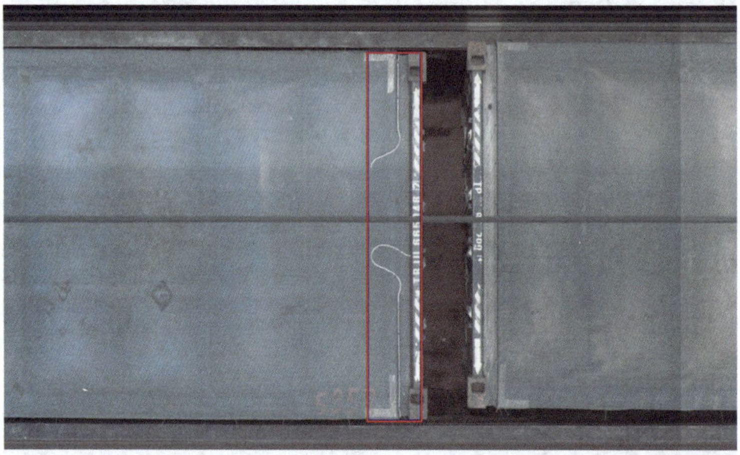

图 5-76　敞顶箱篷布系绳断裂

图 5-77　敞顶箱篷布排水槽杂物

六、其他视频监控重点

1. JSQ 型车、粮食车、K 型车检查要点比照前述各型车。
2. 问题示例，如图 5-78～图 5-82 所示。

图 5-78　漏斗车操作间门未锁闭

图 5-79　漏斗车车内杂物(残货)

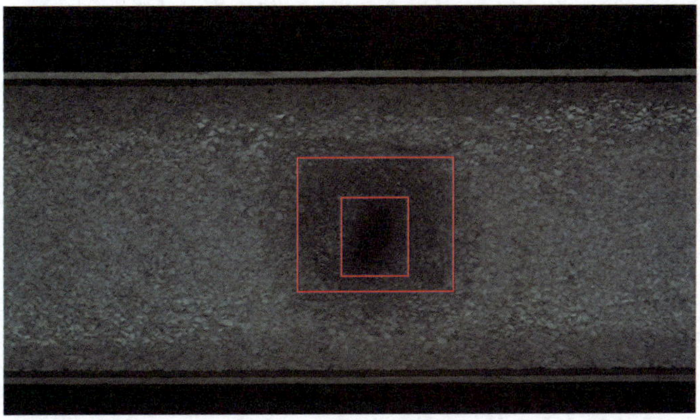

图 5-80　漏斗车货物撒漏

图 5-81　漏斗车(敞车)货物(煤炭)冒烟

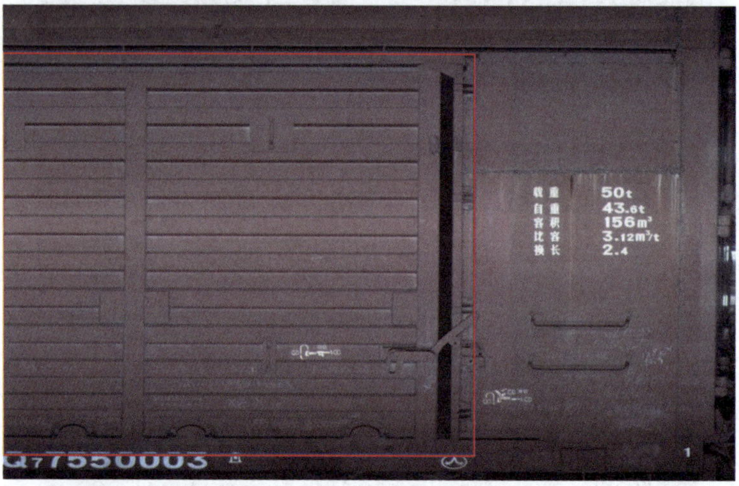

图 5-82　JSQ 型车车门锁闭不良

七、超偏载检测数据盯控

线面阵监控视频回放结束后，立即登录相关“货检应用”逐列、逐车查看超偏载检测数据，发现超偏载报警车辆，立即按照相关流程进行处置。

八、其他监测数据盯控

盯控线阵监控系统附带的测温、超限数据，发现问题车立即通知现场核实处置。

第六章　货检相关信息系统及运用

第一节　铁路货运计量安全检测监控系统

铁路货运计量安全检测监控系统（简称货运计量系统）是以传感技术、信息技术等为支撑，以超偏载检测装置、轨道衡等计量安全检测设备为基础，通过国铁集团、集团公司、车站三级联网的统一软件监控管理平台，对货车装载状态进行实时计量安全检测监控、全程追踪和智能评判的信息系统。

一、货运计量系统运用

货运计量系统的配置目标是动态监控、全程把关，形成全天候、全方位、全过程的货运计量安全检测监控网络，主要应用在国铁集团、集团公司、货运站段（货运中心）、货检站和货运站。

配置计量安全检测设备的车站（以下简称车站）主要职责：

1. 指定专人实时监控通过车辆，以及超偏载检测装置、轨道衡和货运计量系统的运行状态，并负责日常维护。

2. 建立技术档案及其保管制度，制定岗位责任制和作业细则，明确车站各部门的职责分工、联系制度、作业流程、作业标准、应急预案及报告制度等内容，并将有关内容纳入《站细》和《车站货运管理细则》。

3. 根据超偏载检测装置、轨道衡检定要求编制作业方案，报集团公司货运主管部门核准；同时负责检定、期间核查的作业协调、安全防护、行车组织指挥等工作。

4. 提供满足设备检定、期间核查、定期检修所需的场所、环境条件、交通运输工具、人员配合等相关条件。

5. 在工务部门对超偏载检测装置、轨道衡安装处所轨道进行修理维护时，按需要组织对超偏载检测装置、轨道衡的拆除和安装工作。

货运计量系统按照《信息系统安全等级保护基本要求》三级要求进行管理。货运计量系统维护单位应制定并落实系统服务器安全、操作安全、应用软件管理、系统数据管理、业务数据管理、计算机病毒防范、应急处置等方面的安全管理制度，保证系统运行安全和数据安全。

货运计量系统服务器统一放置在各级信息部门及车站计算机房内，并由其管理。机房应提供充足不间断的电源容量，保证服务器 7 d×24 h 不间断工作。机房建设应符合国家相关标准。

货运计量系统应用软件根据需要按照国铁集团的整体部署进行统一升级。

货运计量系统用户配置应在保证系统信息安全、保密、简化流程、提高用户调整的工作效率的前提下进行。用户配置工作应结合机构调整、人员变动等情况同步及时完成，不得影响正常监控工作。

货运计量系统用户管理范围包括国铁集团、集团公司、直属货运站段、货运中心、货运营业办理站。用户配置管理的主要要求：

1. 中国铁道科学研究院集团有限公司电子计算技术研究所(以下简称铁科院电子所)负责组织完成货运计量系统用户配置管理相关功能的研发和部署，做好用户配置管理功能维护和技术支持工作；设立国铁集团系统管理员，按照系统功能设计及业务需求对系统用户进行分类，定义系统用户角色及其功能权限；根据集团公司确定的系统管理员名单，负责统一对各集团公司系统管理员进行配置管理；负责国铁集团内相关单位、专业运输公司、国家轨道衡计量站的用户配置工作。指定专人统一受理集团公司系统管理员的诉求，及时答疑解惑。

2. 集团公司货运管理部门应设立集团公司系统管理员并保持相对固定，负责收集管内用户调整需求，利用系统自行对管内用户进行配置，并合理分配用户角色。按照工作实际和管理要求自行确定管内用户的数量，组织定期分析并考核管内用户日常访问系统情况，及时清理沉寂用户，对已调离相关岗位或是长期没有系统运用需求的，提高用户资源利用率，避免造成用户资源浪费。集团公司系统管理员应相对固定，确需变更时，应将变更后的系统管理员姓名、单位、联系方式等信息报国铁集团货运主管部门备案。

3. 有用户调整需求的单位应根据工作需要，及时向国铁集团、集团公司系统管理员提交用户名、分管业务、IP 地址、所属单位等用户信息。系统用户名实行实名制，一个用户名可对应多个 IP 地址。

各级管理部门、单位及车站，应加强对货运计量系统数据和有关资料保管。货运计量系统检测原始数据保存至少 5 年，有关检修维护记录保存至少 1 年。集团公司检修单位应保留自超偏载检测装置、轨道衡投入使用起的历次维修记录、检定证书等至少 5 年。

二、计量安全检测设备管理

超偏载检测装置、轨道衡检修分为定期检修、临时修理和日常维护。

定期检修包括月检、小修、大修，见表 6-1。临时修理为临时故障处理。日常维护为周检，超偏载检测装置每周至少一次，轨道衡每周至少三次。

表 6-1　定期检修周期

设　备	月　检	小　修	大　修
超偏载检测装置	1 个月	6 个月	3 年
轨道衡	2 个月	1 年	3 年

超偏载检测装置、轨道衡等计量安全检测设备，由于设备质量、维修保养不当及违规操作等原因，造成停机或影响正常使用均为设备故障。设备故障分为三类：

1. 责任连续停机时间超过 48 h，为一类故障；
2. 责任连续停机时间超过 24 h，不超过 48 h，为二类故障；
3. 责任连续停机时间不超过 24 h，为三类故障。

超偏载检测装置、轨道衡发生一、二类故障由集团公司货运主管部门组织处理，发生三类故障由车站组织处理。

设备维护单位应密切监视轨道衡的运用状态，发现计量失准等问题应立即报告，主管集团公司在接到处理站的电报、超载统计资料或计量纠纷仲裁结果后，应追究有关单位责任；对计量失准、篡改计量数据、伪造计量单、管理混乱、恶意超载、称量后加装超载等性质严重的，应依法合规地追究相关人员责任。

设备发生故障时，按下列条款划责：

1. 经分析认定确系设备质量原因，由产权单位根据合同，向生产厂家进行索赔；

2. 维修保养不当的，追究养护维修单位责任；

3. 由于联网应用系统原因，列应用软件维护单位铁科院电子所责任；

4. 因检定、校准、期间核查原因，列检定、校准、期间核查单位责任；

5. 由于车站违规操作或未及时申请检定、校准、期间核查等原因，列车站和集团公司相关部门责任；

6. 由于违规施工原因，列施工单位责任；

7. 无法判明责任的，由集团公司货运主管部门组织专家分析认定。

三、货运计量系统货检常用功能

（一）系统登录

打开 IE 浏览器在地址栏输入网址，进入登录界面，如图 6-1 所示。输入用户名、密码，登录进入主页面。（由于系统基于 IE 浏览器开发，请尽量使用 IE 浏览器登录）

图 6-1　登录界面

（二）车站系统主要功能模块

1. 实时监控：实时展现通过本站检测设备（超偏载检测装置、轨道衡、车辆运行品质动态监测系统等）的检测信息，对报警车进行声光语音提示，如图 6-2 所示。

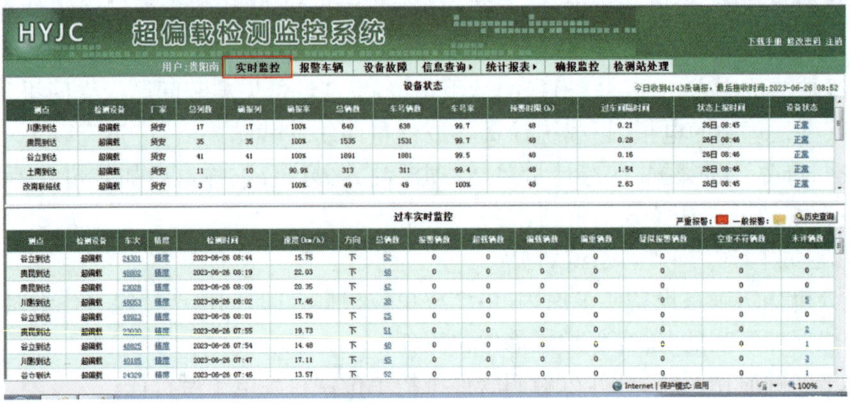

图 6-2　实时监控模块

2. 报警车辆管理:对经过系统检测报警、疑似报警的车辆信息进行监控,并提供处理回填和超偏载通知卡打印的功能,如图 6-3 所示。

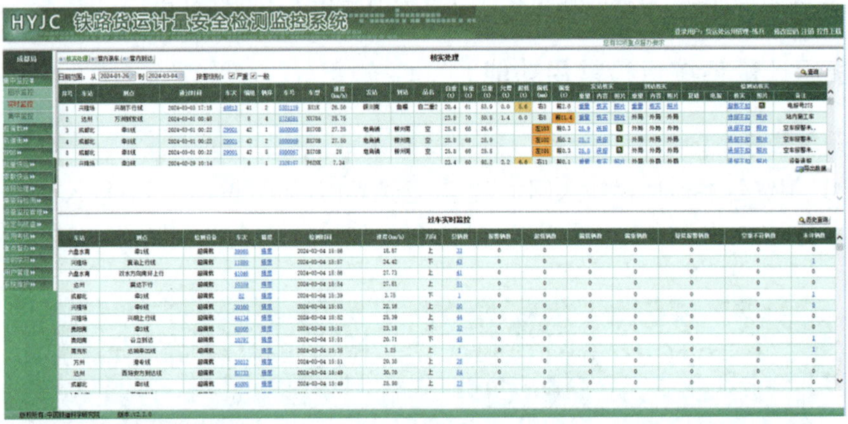

图 6-3　报警车辆详细信息

3. 设备故障查询:按指定的组合条件对管内设备故障进行查询,如图 6-4 所示。

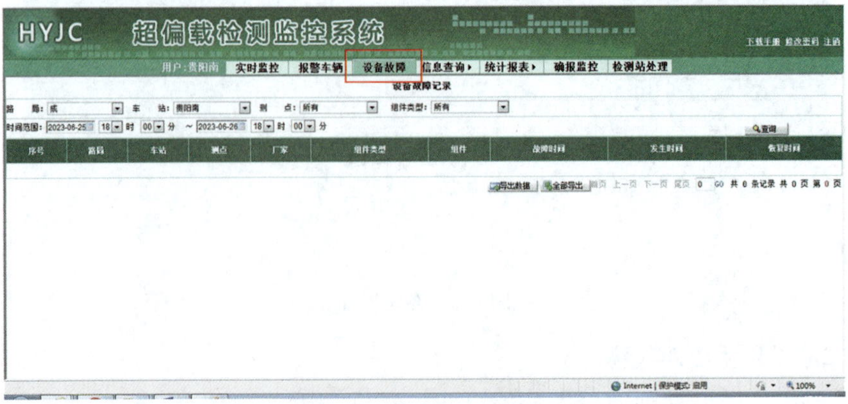

图 6-4　设备故障模块

4. 统计报表：按车站实际生产和管理需要，生成各类统计报表，如图 6-5 所示。

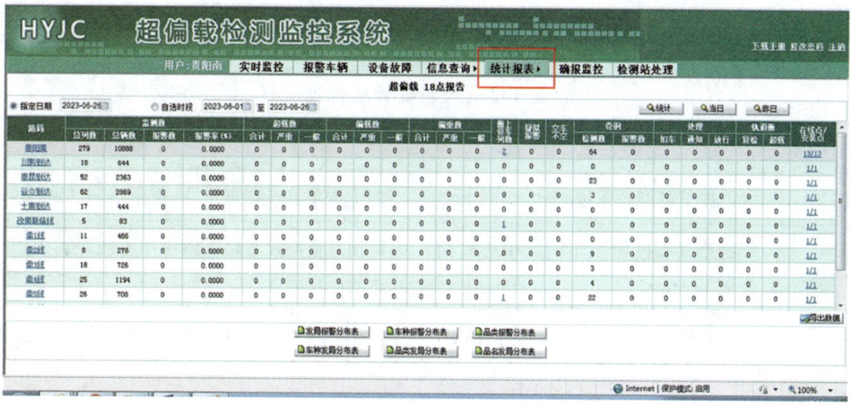

图 6-5　统计报表模块

5. 确报监控：展示车站确报信息接收情况，如图 6-6 所示。

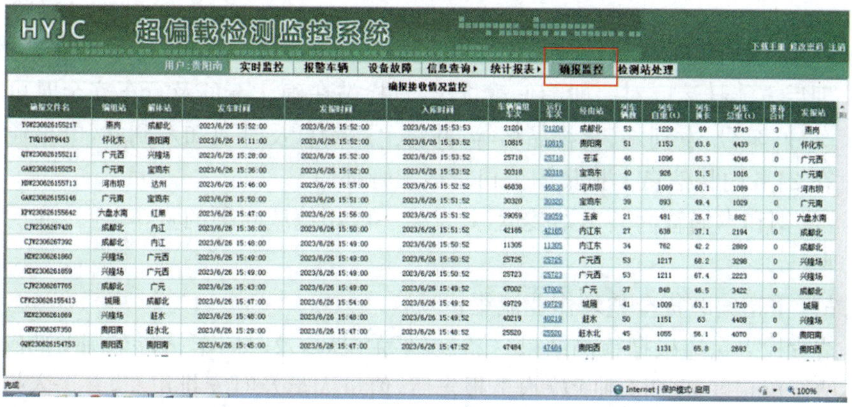

图 6-6　确报监控模块

6. 检测处理：对检测报警车的核实处理情况进行反馈，如图 6-7 所示。

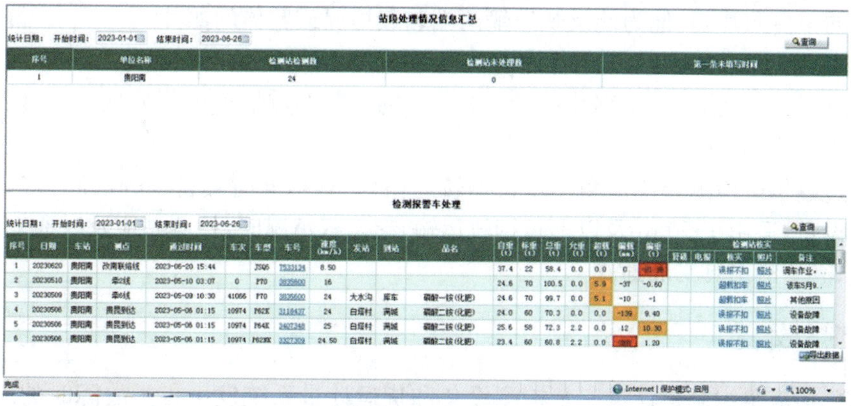

图 6-7　检测报警车处理

四、超偏载问题车处置

作为货检站整理、换装的依据时，货车超偏载分严重、一般两级，具体分级标准见表 6-2。

表 6-2　超偏载分级标准

项　目	严　重	一　般
超　载	大于货车容许载重量 10 t	大于货车容许载重量 5 t 但未达到严重程度
偏　载	货物总重心投影距车辆纵中心线距离大于 150 mm	货物总重心投影距车辆纵中心线距离大于 100 mm 但未达到严重程度
偏　重	货车两转架承受重量之差大于 15 t	货车两转架承受重量之差大于 10 t 但未达到严重程度

装载液态货物的罐车超载判定以轨道衡或罐车容积计量为准。对 D 型车和自轮运转货物的检测数据，不作为判定超偏载的依据。超偏载检测装置、轨道衡在列车通过速度超过称量速度范围时，其检测数据不作为判定超偏载的依据，但可作为判断货物装载加固状态的参考。

货检站应加强超偏载检测装置检测结果的核实确认和处理。对严重超偏载货车，应立即甩车，整理后方能挂运。对一般超偏载货车，货检站在确认不危及行车安全时可不甩车整理，应记录车种、车号、发到站、货物品名等，并将上述信息及时通知发到站，电报通知下一编组站，同时在 24 h 内将信息上报集团公司货运主管部门。

对装运卷钢和本局管内装车站装运，并发生一般超偏载问题的货车，应比照严重超偏载车进行处理。

货检站严重超偏载货车整理作业流程：

1. 车站货检人员应根据检测结果，核对现车无误后，及时向车站行车调度部门报告。

2. 车站行车调度部门接到货检人员报告后，值班人员及时安排甩车，并送入指定地点。

3. 车站对甩下的货车重新过衡或进行偏载偏重复核。确认超偏载后，按规定整理和拍发电报。对超载报警车，应留存复衡单；对偏载报警车拍照不少于 2 张，一张为带车号的整体照片，其他为能反映核实偏载情况的整体或局部照片；偏重报警车拍照不少于 3 张，一张为带车号的整体照片，其他为能反映车辆两端装载情况或整体的照片。

4. 车站对甩下的超载货车进行卸载处理，并确认货物重量不超过货车容许载重量且不偏载不偏重后，方可编入列车继续运行。对甩下的偏载偏重货车进行处理，并确认不偏载不偏重后方可放行。

当通过超偏载检测装置检测发现长钢轨运输列车（指同时具备运、收、卸长钢轨作业能力的专用设备，适用于 50 m 及以上长钢轨运输）超偏载情况时，检测站应及时通知随车人员检查处理，必要时出具书面通知。

五、应急处置

集团公司应组织制定计量安全检测设备和货运计量系统发生各类故障时的应急预案，明确应急处置责任主体和安全保障具体措施，保证应急处置统一指挥，处置有序、高效。

计量安全检测设备和货运计量系统发生故障后：

1. 使用单位应及时通知集团公司检修单位、货运计量系统维护单位，并向集团公司货运主管部门和信息化主管部门报告，报告内容包括车站、地点、故障发生时间、概况、原因初步判断、处置情况等。集团公司检修单位、货运计量系统维护单位在发现或接到故障报告后应立即进行故障分析和处理，确保在最短时间内恢复正常使用。一般故障应在 24 h 内修复，如设备损坏严重，应及时启动小修或大修程序，确保在最短时间内恢复正常使用。

2. 故障原因、故障及其修复时间应予记录。

3. 对影响计量检测性能的故障，修复后应对计量安全检测设备进行检定、校准或期间核查，以符合计量检测要求。

集团公司应组织配齐设备易耗易损部件，在保证维修质量的前提下压缩处置时间。

第二节　铁路货车装载视频高清智能监视系统

一、系统概述

铁路货车装载视频高清智能监视系统利用高清彩色线阵扫描相机、车号自动识别、车厢智能切割、问题项智能标注等核心技术，对运行中的铁路货车进行实时扫描检测，形成超清晰的彩色图像，以真实过车形式直观地展现在货检人员面前，还原“检车”现场效果。该系统的智能识别功能将过车图像中识别的货检问题项标注后，客户端自动播放智能识别结果，对发现的问题进行智能语音报警提示，以便货检人员可以对问题车进行更快速、更妥善的处理，如图 6-8 所示。

图 6-8　系统主界面

铁路货车装载视频高清智能监视系统通过信息智能采集，完成高清图像、行车状态和车辆基本信息的采集；使用SVM（支持向量机）卷积神经网络、深度学习技术同步完成车辆问题项识别、标注。车辆通过后，智能播报识别结果，语音报警提示，快捷问题处理；检车结束后，系统自动生成检车报告存档并对过车检车数据进行清洗、分类、存档上传。系统工作结构如图6-9所示。

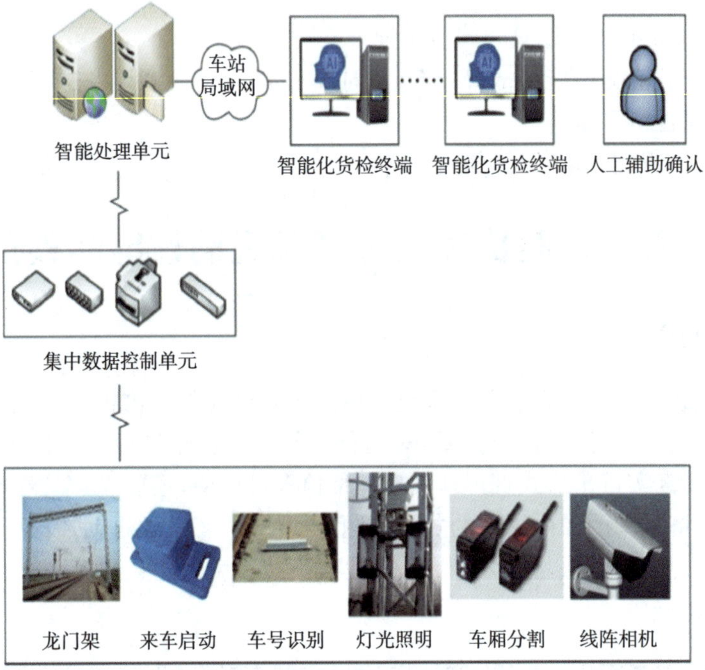

图6-9　系统工作结构

系统五大特色保障智能识别结果准确率，助力货检作业提质增效。

特色一，高清全彩线阵图像，分辨率8 000×2 048以上，可清晰辨别1 cm^2 的物体，观看效果胜似亲临现场。

特色二，系统采用计轴热备+“硬切割”模式，确保图像按车厢切割，提升智能识别准确率。

特色三，采用深度学习技术结合车号系统对车厢进行车型分类，基于相机安装位置对图像划分智能识别范畴。

特色四，系统采用机器自学识别算法，随着系统逐步应用，样本数据逐步积累训练，智能识别准确率会逐步提升。

特色五，百余个高清站点，数年样本素材积累，形成海量级素材库，为货车装载状态智能识别奠定基础。

二、系统作业流程

1. 系统登录是用户进入铁路货车装载状态高清智能检测系统的入口，在登录页面需要选择服务，服务需要人工手动进行配置，填写用户和密码点击登录即可进入系统，如图6-10所示。

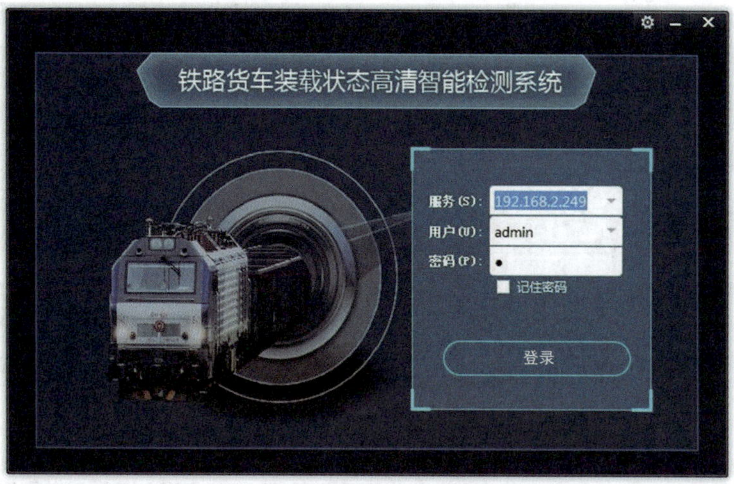

图 6-10　系统登录页面

2. 当货物列车经过系统检测点时，来车启动单元工作，客户端进行过车消息提醒，货检人员做好视频检车作业准备，如图 6-11 和图 6-12 所示。

3. 系统实时生成过车图像，同步进行货检问题智能识别，自动标注货检问题，智能识别结束后自动播放过车图像，如图 6-13 所示。

4. 为提升货检作业质量，系统设置智能识别结果强制确认功能，即在视频检车时智能识别结果会自动弹出，货检人员必须人工仔细核对，并对结果予以核实确认，否则视频检车工作无法继续，如图 6-14 所示。

图 6-11　列车经过检测点

图 6-12　列车经过时系统显示

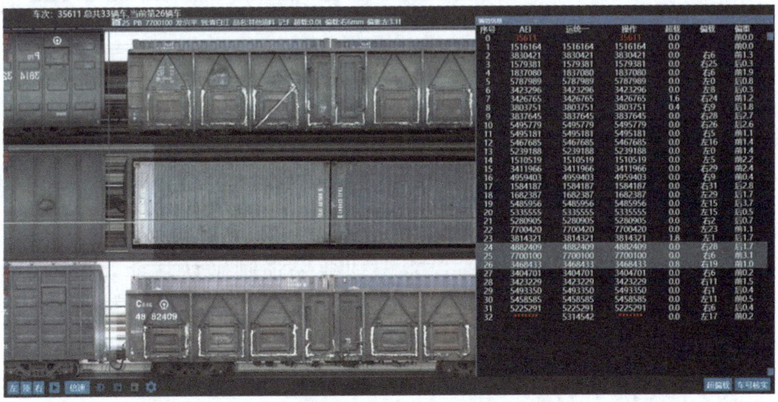

图 6-13　系统智能识别显示

图 6-14　问题车智能判断

5. 为确保安全风险高的货物装载做到无漏检，降低事故发生率，系统自动与运统 1 信息匹配，设置重点货物强制确认功能，如图 6-15 所示，货检作业人员要对重点品名图像一一放大检查确认，图像确认后才可继续检查下一辆车。

图 6-15　重点车强制确认

6. 视频检车作业过程中如果发现货检问题，需要作业人员将问题做好人工标记存档，如图 6-16 所示，并通知相关岗位做好核查处置。

图 6-16　人工标记页面

7. 优化货检作业后，货检员承担部分车号员职能，为降低劳动强度，系统设计智能车号比对功能，如图 6-17 所示，货检人员操作系统与运统 1 信息进行数据自动比对，将误、窜、少等车号比对异常记录信息进行特殊标注处理，实现车号核对相关问题的快速发现。

8. 在相关视频检车作业确认无误后，作业人员点击检车作业结束标记，列车状态将由“未检”变成“全检”，过车记录将自动更新检车标记，表示此列车货检作业结束，如图 6-18 所示。

9. 视频检查完毕后，系统自动生成检车报告。系统后台收集整理、统计分析视频货检作业情况，系统设置统计分析功能，如图 6-19 所示。

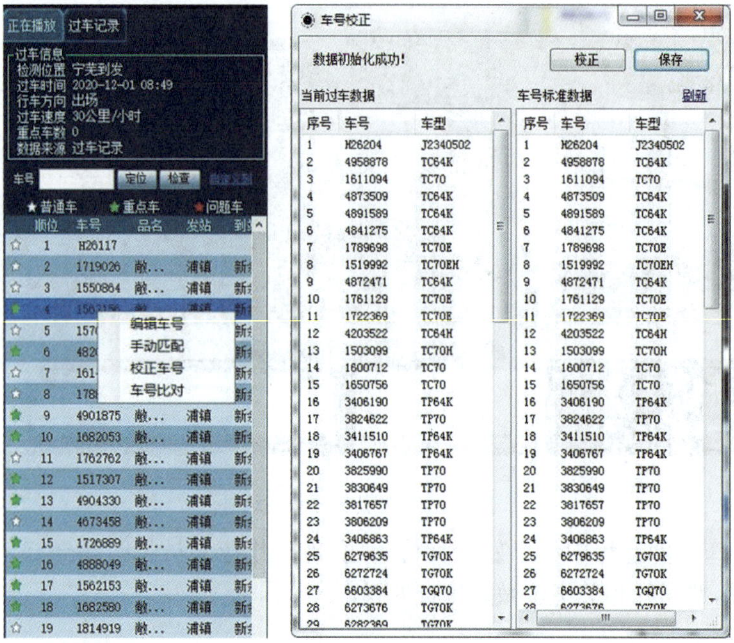

图 6-17　智能比对车号

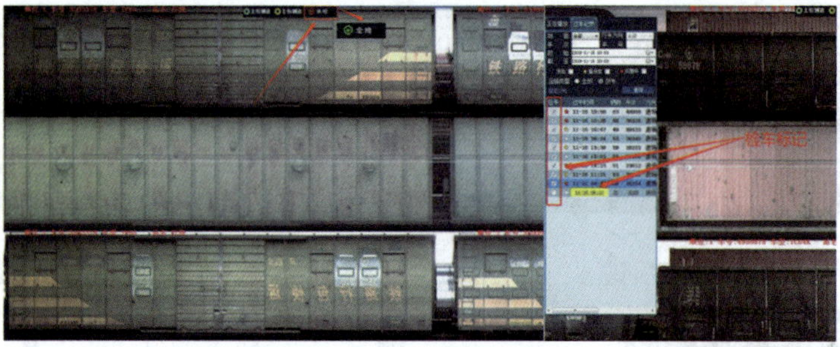

图 6-18　检车结束标记

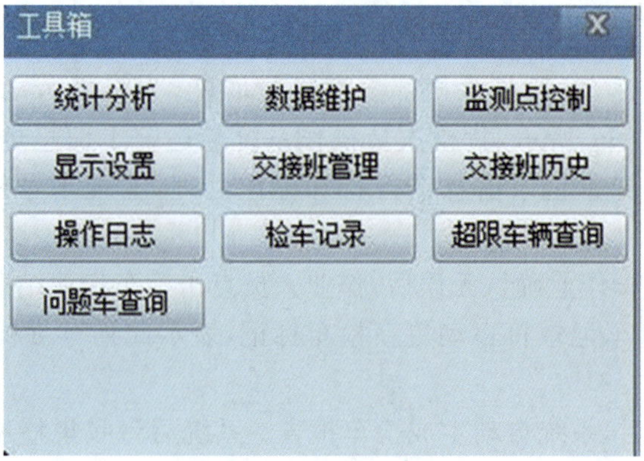

图 6-19　统计分析功能区

第三节　铁路货检安全监控与管理应用

一、系统概况

“货检应用”实行国铁集团、铁路局集团公司、货检站三级运用，系统架构如图 6-20 所示。

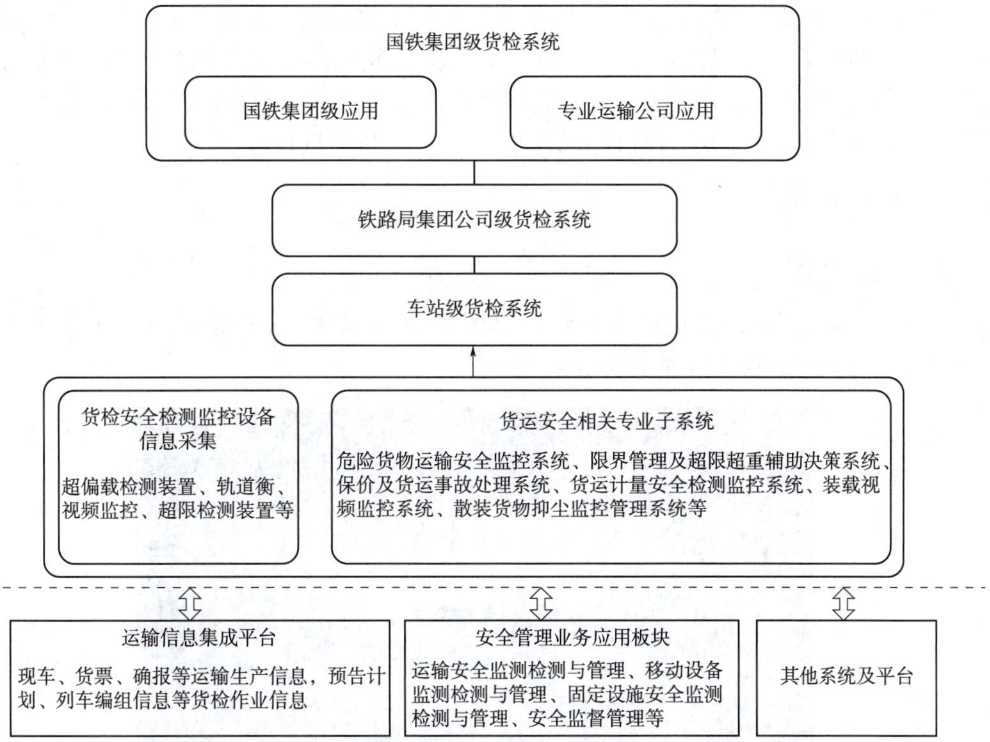

图 6-20　“货检应用”系统架构

国铁集团运输部负责统一管理“货检应用”的软件版本并统一组织版本升级。中国铁路信息科技集团有限公司（曾用名：中国铁路信息技术中心）承担国铁集团级“货检应用”的运行维护工作，定期组织信息系统运行情况巡检，指导集团公司开展信息系统运行维护、应用培训等技术支持工作。

集团公司承担本单位“货检应用”及相关设备运行维护的主体责任，货运主管部门负责牵头组织、协调和监督检查并制定实施细则，信息部门负责保证系统运行环境安全、稳定、可靠以及相关数据的安全。

货检站负责本站“货检应用”的日常运用工作，并负责设备的日常巡检、定期维护及故障维护协调，保障“货检应用”24 h 不间断运行。负责本单位使用人员的技术培训，确保信息录入的准确性、及时性。货检站应动态维护“货检应用”中本站货检人员、设备等基本信息，形成电子档案。负责制定并完善本单位“货检应用”故障应急处置预案及应急预案的启动和执行，对预案进行专项培训。

二、系统功能

车站级货检系统，是货检站安全监控与生产作业平台，同时又是对运行在本货检站的货运安全相关专业子系统进行资源整合、功能复用、信息共享的统一平台。主要功能包括：接收列车到发计划和确报信息，集成货运安全各专业子系统数据，共享运输信息集成平台中各管理系统数据，复用货运安全各专业子系统功能，通过对相关数据的关联处理，实现货检值班员实时监控安全设备检测监控结果和现场货检动态，能够利用机检结果进行重点车自动标注，结合人工辅助添加标注工作重点，通过货检集中监控室电脑或手持机接受货检作业计划并传达给现场货检员，货检员检查整理后即时反馈作业信息，向集团公司即时传输货检作业相关数据，接收集团公司转发的业务管理数据和督办通知，查询互保区段车站货检信息，对货检作业有关信息进行综合统计分析，对作业人员、班组进行考核评价。

三、操作流程

（一）系统登录

打开 IE 浏览器在地址栏输入网址，进入登录界面，如图 6-21 所示。（由于系统基于 IE 浏览器开发，请尽量使用 IE 浏览器登录）

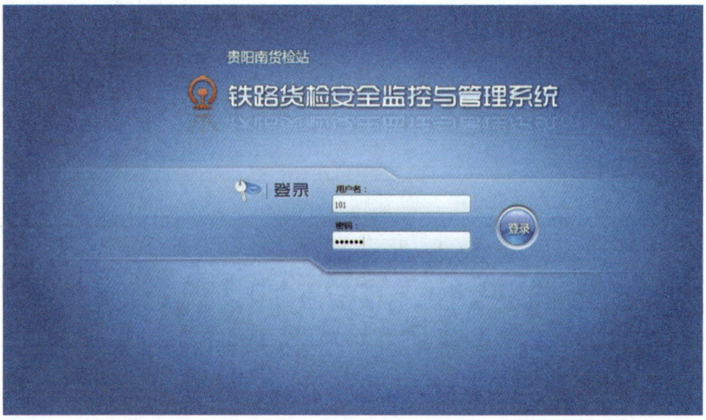

图 6-21　登录界面

（二）系统主界面

登录账号进入系统，检查系统是否正常运行。主界面包括列车预告、问题车信息、台账报表、系统维护等功能，如图 6-22 所示。

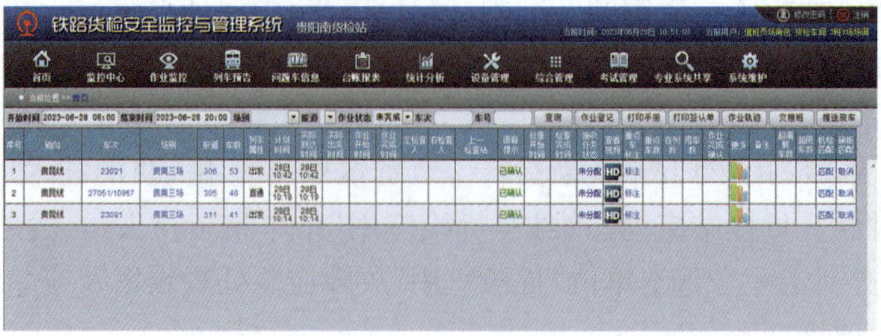

图 6-22　主界面

(三)任务发布

1. 货检值班员登录进入系统首页,在系统首页点击“作业登记”按钮进入“预告计划”,发布任务计划,如图 6-23 所示。

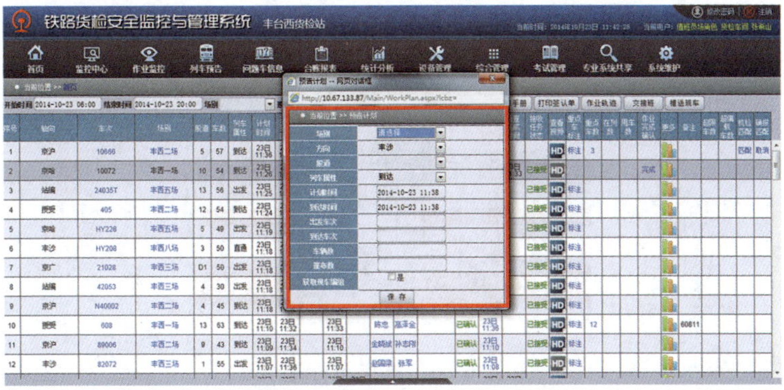

图 6-23　新增预告计划

2. 在预告计划对话框中认真选择场别、方向、股道、列车属性、到达/出发车次并勾选获取列车编组后保存,如图 6-24 所示。

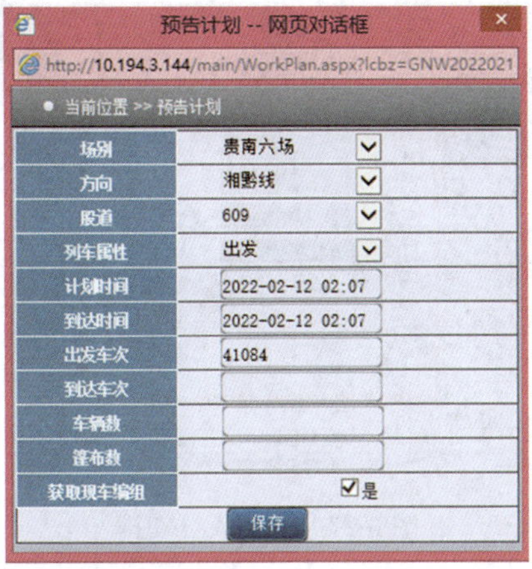

图 6-24　预告计划信息填记

3. 若发布任务计划或信息有误时,在首页选择需要修改的“车次”超链接,进入“列车属性编辑”对话框进行修改后保存,如图 6-25 所示。

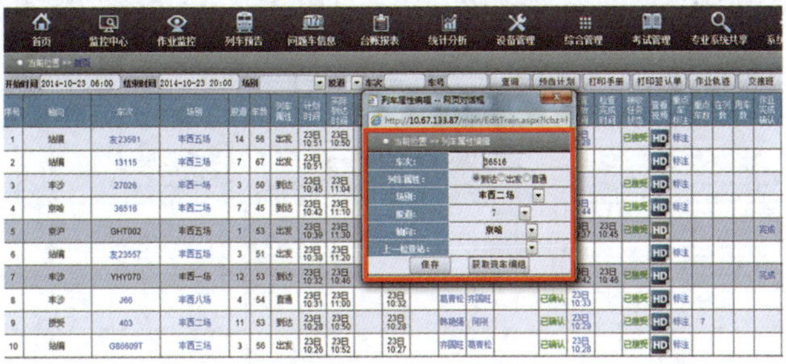

图 6-25　计划信息内容修改

(四)重点车标注

重点车标注分为车检自动标注和人工手动标注，当自动标注出现漏标或者重点车类型不在自动标注类型范围内时，需要人为手动标注，提醒货检人员需要重点检查，如图 6-26 所示。

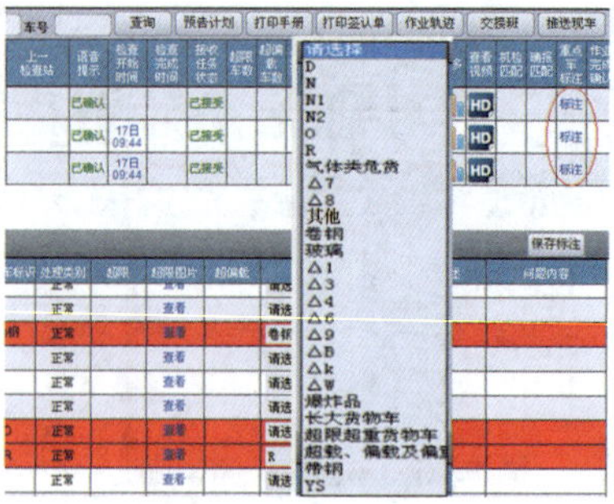

图 6-26　重点车标注

(五)任务分配

在系统首页选中发布的任务计划，点击“场别”超链接进入“作业分配”对话框，选择左右检查人员后保存，完成作业人员分配，如图 6-27 所示。

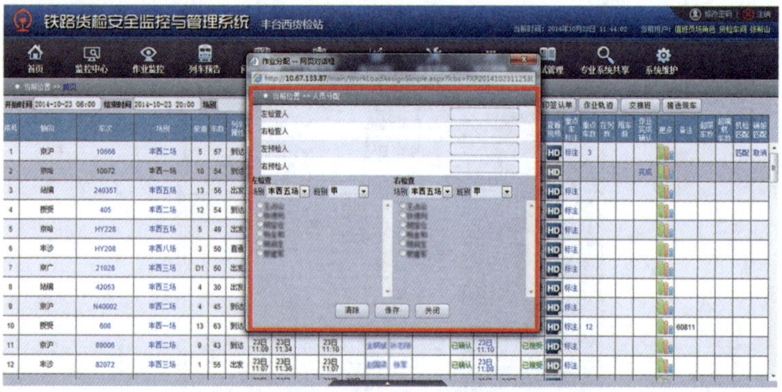

图 6-27　作业人员安排

(六)作业登记

1. 货检员登录“货检应用”，点击页面下方的向下箭头图标，选择作业车次，如图 6-28 所示。

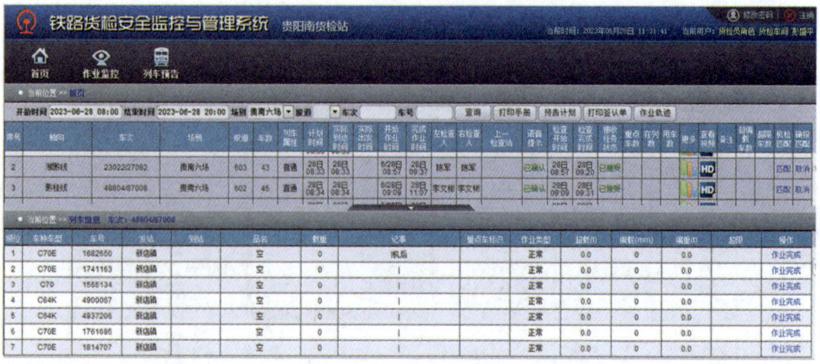

图 6-28　作业登记选择页面

“作业登记”页面包括拍发电报、填写普通记录信息、上传图片、补封、加固材料、整理问题车、甩车信息等录入，如图 6-29 所示。

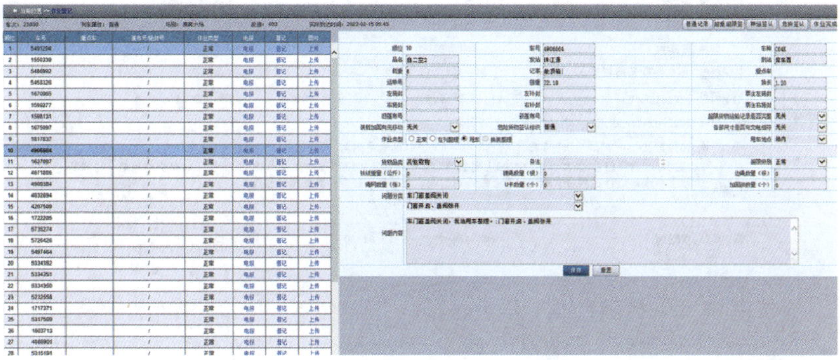

图 6-29　作业登记录入页面

2. 电报登记。在“作业登记”页面选择问题车号点击电报栏“电报”超链接，进入“拍发电报”页面，按照拍发的纸质电报内容认真填记系统电报内容，确认无误后保存并进行电报审核，如图 6-30 所示。

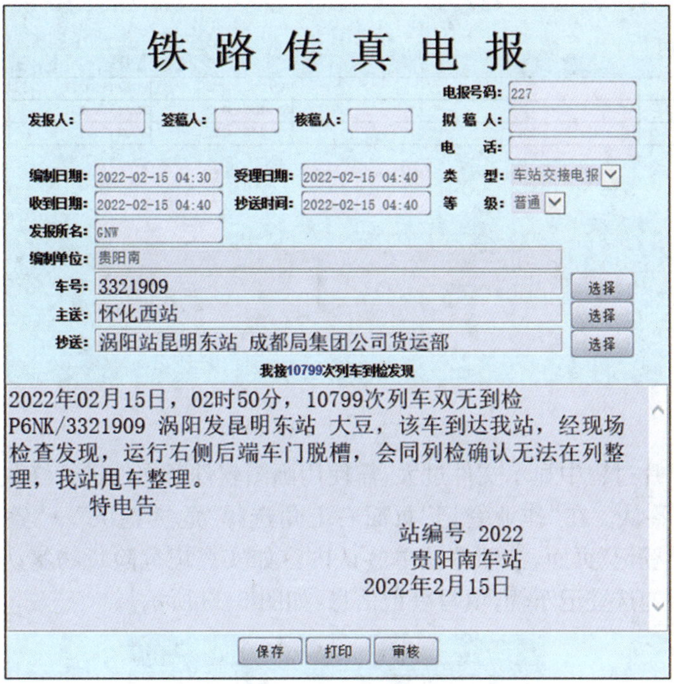

图 6-30　电报登记页面

3. 普通记录登记。在“作业登记”页面选择问题车号点击普记栏“普记”超链接，进入“普通记录”页面，按照拍发的纸质电报内容认真填记系统普记内容，确认无误后保存，如图 6-31 所示。

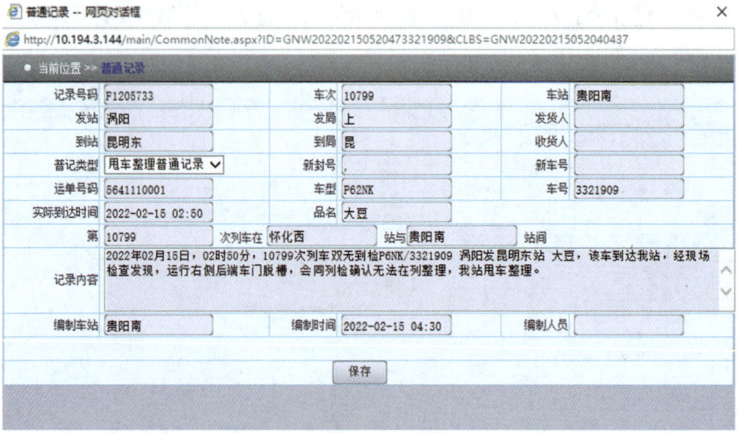

图 6-31　普通记录登记页面

4. 上传照片。在“作业登记”页面选择问题车号点击图片栏“上传”超链接，进入“车辆图片”页面，上传问题车照片后保存，如图 6-32 所示。

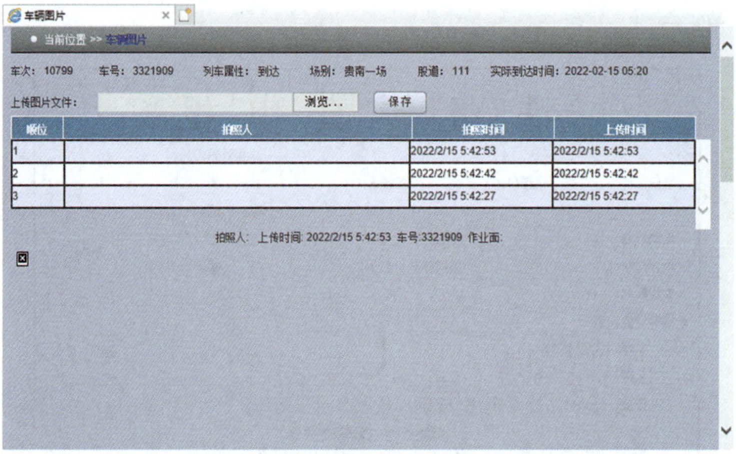

图 6-32　上传照片页面

注：若上传照片过程中显示文件过大，需使用画图软件对文件进行修改，缩小文件。

5. 危险货物签认。在“作业登记”页面右上角选择“危货签认”→“签认单登记”，进入“危险货物签认单登记”页面，按照签认单签认内容如实登记危险货物签认单信息。首先选择签认单类型，再勾选登记车辆，填写登记信息，如图 6-33 所示。

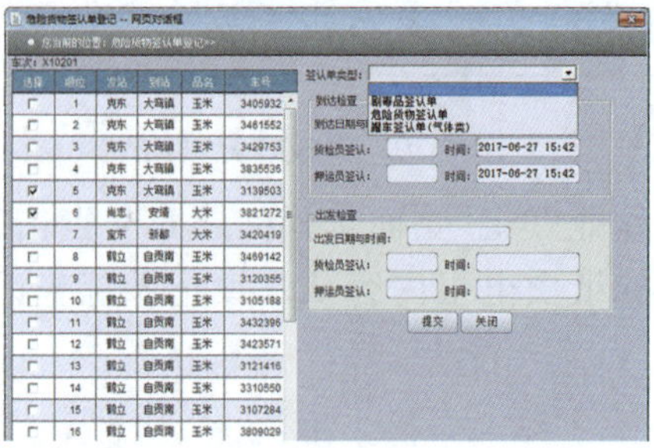

图 6-33　危险货物签认页面

6. 押运签认。列车编组内容有押运车辆需要签认时，必须进行押运签认登记。在“作业登记”页面右上角选择“押运签认”→“新增”，进入“押运登记编辑”页面，勾选押运登记车辆，添加押运车辆信息，如实登记押运信息，如图 6-34 所示。

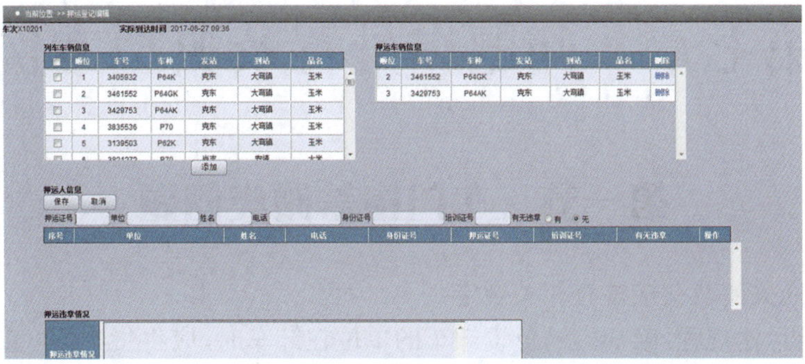

图 6-34　押运签认页面

7. 作业完成审核确认。作业结束确认信息无误后，点击主页面相对应车次“作业完成确认”栏的“确认”标签，选择是否确认该列车作业完成，确认该列车完成后相关信息不能再修改，如图 6-35 所示。

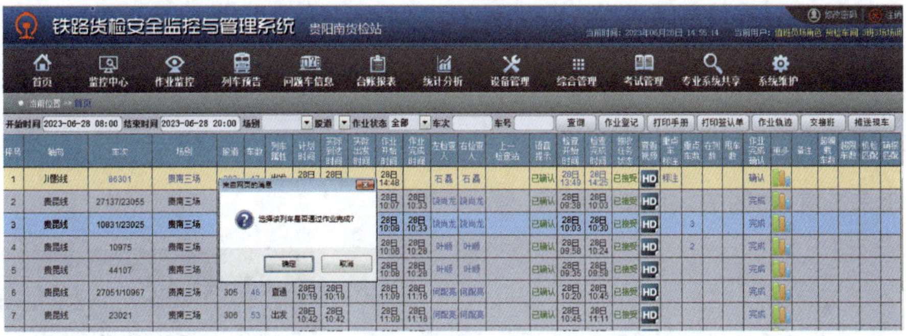

图 6-35　作业完成确认页面

第七章　问题车处置及典型案例

第一节　车门窗盖阀类问题

车门窗盖阀关闭及交接检查相关规定：

《铁路货物运输规程》第 30 条，负责卸车的单位在卸车时，应将货物彻底卸净，卸空后的货车应清扫干净，车门、车窗、端侧板、冷藏车冰箱盖、罐车盖、阀等要关闭妥当。

《铁路货物运输管理规则》第 14 条，装车后，认真检查车门、车窗、盖、阀关闭及拧固和装载加固情况。

《铁路货物运输管理规则》第 15 条，卸车后，应将车辆清扫干净，关好车门、车窗、阀、盖。

《铁路货运检查管理规则》第 23 条，货检主要内容：货车门、窗、盖、阀关闭情况。

一、问题车实例

(一)棚　　车

1. 棚车车窗，如图 7-1、图 7-2 所示。

图 7-1　棚车车窗开启

图 7-2　车窗未关闭，货物外露

问题车风险提示：

(1)重车车窗打开，货物装载高度超过小窗，货物运行中有可能甩出，危及行车安全；

(2)外来火源进入车内风险；

(3)货物湿损。

2. 棚车车门，如图 7-3～图 7-8 所示。

图 7-3　空棚车车门开启

图 7-4　列车运行中空棚车车门开启

图 7-5　重棚车车门开启

图 7-6　重棚车车门开启，货物存在坠落隐患

图 7-7　棚车车门门座脱焊，车门无法锁闭

图 7-8　棚车车门锁钩变形未完全入槽

问题车风险提示：

(1)重车车门打开，货物运行中发生位移有可能甩出坠落，危及行车安全；

(2)车门存在开启、脱落隐患，危及行车安全；

(3)货物损失。

(二)敞　　车

1. 敞车下侧门,如图 7-9、图 7-10 所示。

图 7-9　空敞车下侧门门搭扣未入槽,下侧门开启

图 7-10　敞车下侧门开启,货检站在列处理

问题车风险提示:

(1)重车下侧门打开,车内货物运行中发生位移有可能甩出坠落,危及行车安全;

(2)下侧门打开,耦合情况下会出现刮打信号设备或击打车侧行走人员等隐患,危及行车安全。

2. 敞车侧开门,如图 7-11～图 7-16 所示。

问题车风险提示:

(1)列车运行中敞车侧开门开启,存在击打邻线机车车辆、行车设备、线路施工人员、作业人员等安全隐患,危及行车安全;

(2)敞车侧开门开启,车内货物运行中发生位移导致坠落或货物撒漏,危及行车安全;

(3)敞车侧开门外胀侵限,存在刮打邻线机车车辆、行车设备或货物发生坠落、撒漏等安全隐患,危及行车安全。

图 7-11　重车侧开门开启

图 7-12　空车侧开门开启

图 7-13　到达列车敞车侧开门开启

图 7-14　敞车侧开门锁铁与手柄关闭顺序错误，下锁铁未完全入位

图 7-15　空敞车侧开门变形外胀超过规定限度

图 7-16　敞车侧开门变形外胀超过规定限度

(三)罐　　车

1. 罐车人孔盖开启，如图 7-17、图 7-18 所示。

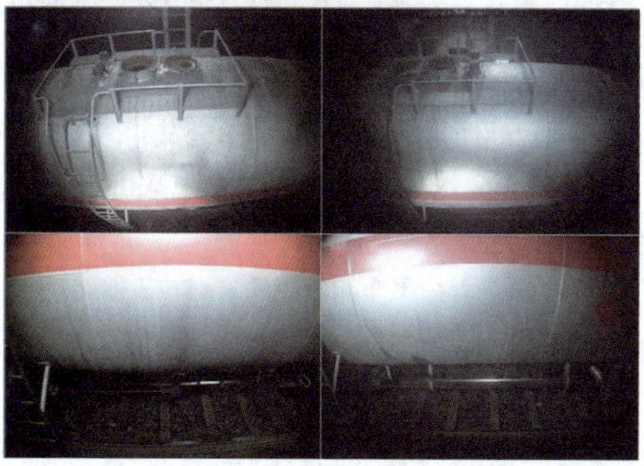

图 7-17　罐车人孔盖开启 1

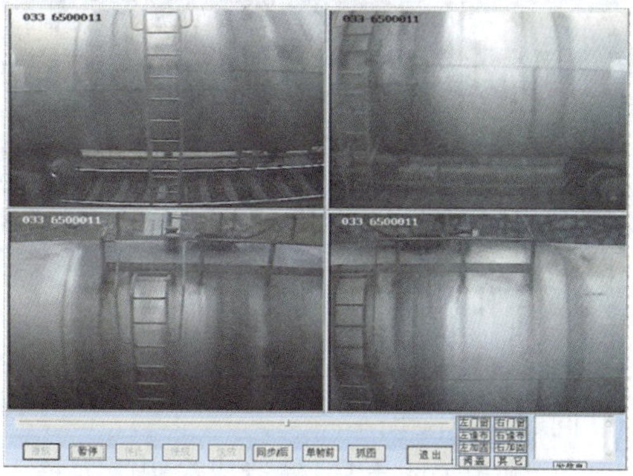

图 7-18　罐车人孔盖开启 2

问题车风险提示：

(1)人孔盖开启，条件耦合时会发生火灾或爆炸，严重危及行车安全；

(2)存在部分气体类危险货物泄漏隐患，危及行车安全；

(3)易导致杂质混入罐车，造成罐车污染，存在安全隐患。

2. 罐车人孔盖螺栓松脱，如图 7-19 所示。

图 7-19　罐车人孔盖螺栓松脱 4 颗

问题车风险提示：

(1)人孔盖螺栓松脱，内货气体分子会通过井沿缝隙处溢出，条件耦合时会发生火灾，严重危及行车安全；

(2)存在部分气体类危险货物泄漏隐患，危及行车安全。

(四)平　　车

1. 平车侧板，如图 7-20、图 7-21 所示。

图 7-20　空平车侧板途中开放，受车辆部件变形影响未直接垂落

图 7-21　平车侧板锁铁未翻转入槽

问题车风险提示：

(1)侧板关闭不良，易造成途中受力垂下开启，耦合情况会发生刮打行车设备、线路施工人员、作业人员等安全隐患；

(2)侧板开放垂落，途中受力扇动，危及行车安全，易造成途中拦停列车。

2. 平车端板，如图 7-22～图 7-24 所示。

图 7-22 空平车端板未关闭

图 7-23 (关)平车端板未立起关闭，货检站在列关闭

图 7-24 (关)平车端板锁铁失效

问题车风险提示：

(1)端板关闭不良，易造成途中受力开启放倒，耦合情况会与前后车碰撞，危及行车安全；

(2)端板关闭不良，行车作业人员作业存在劳动安全隐患；

(3)影响列车过小曲线半径线路，存在行车安全事故隐患。

(五)JSQ 型车

问题示例如图 7-25～图 7-29 所示。

图 7-25 JSQ 型车端门锁销未入槽，车门关闭不严

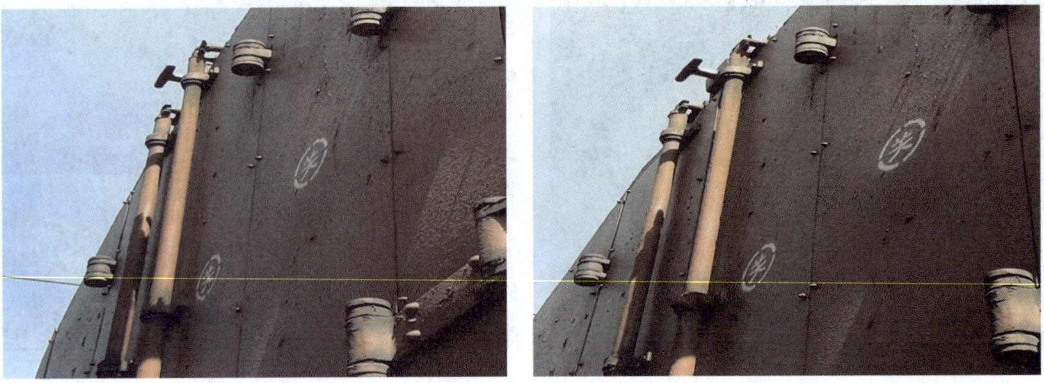

（a）整理前　　（b）整理后

图 7-26　JSQ 型车端门上销未入槽

图 7-27　JSQ 型车端门下销未入槽

图 7-28　JSQ 型车车窗密封胶条失效，车窗玻璃松脱

图 7-29　JSQ 型车车窗铆钉缺失，窗框存在脱落危险

(六)BH1 型冷藏车

问题示例如图 7-30 所示。

图 7-30　车门锁紧凸轮未入卡槽，车门关闭不良

二、问题车处置方式

车门窗盖阀类问题车，无电区段在采取安全防护措施后进行在列整理，关闭货车车门窗盖阀。对属于车辆配件缺失等涉及车辆技术状态的问题，通知车辆部门处理或按列检要求处理。对属于符合甩车整理范围或因在电气化区段以及其他因素不具备在列整理条件的：

(1)到达机检、到达人工作业发现应进行甩车整理并拍发电报。

(2)牵出机检、出发人工作业发现应联系车站值班员扣车处理，必要时报告车站安全生产调度指挥中心。

(3)出发机检作业发现属“货运六必拦”相关情形应按规定处置，立即报告车站安全生产调度指挥中心、车站值班员。

成都局集团公司货运部在《货运部关于现场一线职工发现货运专业需拦停列车具体情形指导意见的通知》(货函〔2022〕97 号)中明确货运职工发现以下六种情形须立即拦停列车：

①发生货物列车火灾；

②货物、集装箱、加固材料和装置存在明显坠落危险；

③因货物窜动或活动部件发生旋转、开放，侵入安全限界会刮打设施设备或机车车辆时；

④敞车侧开门、JSQ 型车端门、重棚车类货车车门途中开启(有押运人或通风运输的棚车除外)；

⑤货车篷布或货物苫盖物途中松脱掀起，存在挂接触网或刮打设施设备、机车车辆时；

⑥货运设施设备或堆码货物垮塌上道侵入列车运行线路，不能立即排险时。

第二节　篷布苫盖类问题

篷布苫盖及交接检查相关规定：

《货车篷布管理规则》附件 1“货车篷布苫盖方法”。

《货车篷布管理规则》第 19 条，货检站应严格检查篷布苫盖质量，对篷布苫盖有问题的车辆，整理符合要求后方可放行。

《铁路货物运输管理规则》第 32 条，货运交接检查的内容包括：车辆篷布苫盖状态，发现异状时，应及时处理。

《铁路货运检查管理规则》第 23 条，货检主要内容：货车篷布及篷布绳网苫盖、捆绑状态。

敞顶箱篷布苫盖及交接检查相关规定：

《中国铁路总公司关于印发〈20 英尺 35 吨敞顶集装箱暂行技术条件〉的通知》第 5.7 项，篷布端部眼圈套入敞顶箱端部绳圈，将端压绳依次穿过端部绳圈，并与侧面绳圈牢固拴结。系绳与敞顶箱侧面绳圈牢固拴结。

《国铁集团关于印发铁路集装箱和集装箱平车装运方案的通知》20 英尺 35 吨敞顶集装箱装运方案规定，除通用集装箱检查事项外，货检站应重点检查敞顶箱篷布苫盖、捆绑状态。不苫盖敞顶箱篷布且安装视频监控设备时，重点检查货物装载状况。

一、问题车实例

1. 货车篷布，如图 7-31～图 7-38 所示。

图 7-31　篷布包角垮塌

图 7-32　篷布腰绳折断脱落，绳网破损

图 7-33　篷布顶部破损 1

图 7-34　篷布顶部破损 2

图 7-35　腰绳拴结错误，违反篷布苫盖标准

图 7-36　篷布腰绳折断

图 7-37　篷布腰绳脱落，绳网破损

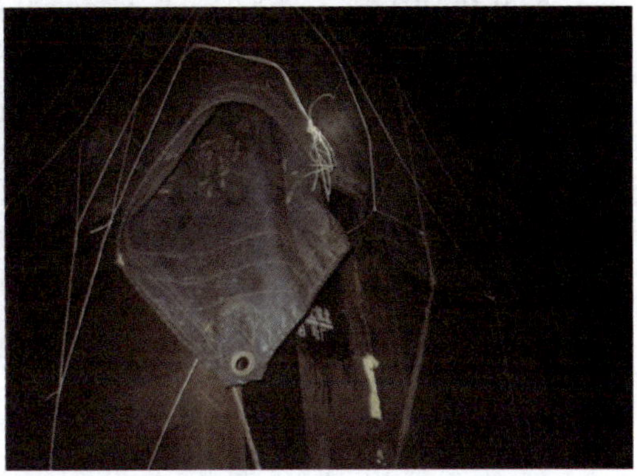

图 7-38　篷布角绳缺失，包角不严，绳网破损

问题车风险提示：

(1)篷布包角及压绳松脱或断裂，在列车运行中篷布会受到很大反向风力作用，极可能导致篷布被反作用力的风掀起，条件耦合会发生篷布绳索刮打信号机、邻线列车和在电气化区段将接触网刮断的情况，危及行车安全；

(2)松脱篷布卷入车轮下，可能造成列车脱轨或颠覆等行车事故；

(3)篷布腰绳断开拖地，易刮打行车设备、邻线机车车辆以及线路上作业人员；

(4)篷布破损，造成货物损失，货损列责。

2. 敞顶箱篷布，如图 7-39～图 7-44 所示。

问题车风险提示：

(1)敞顶箱篷布端压绳松脱或断裂，在列车运行中箱布会受到风力作用，极可能导致篷布掀起，条件耦合会发生箱布及绳索飘浮的情况，在电气化区段将接触网刮断或勾连，危及行车安全；

(2)篷布端压绳和系绳松脱失效，极大可能造成箱布脱落或坠落，危及行车安全；

(3)存在货物飞起，击打行车设备、机车车辆、人员等安全隐患；

(4)篷布破损，造成货物损失列责。

图 7-39　敞顶箱篷布积水塌陷、破损

图 7-40　敞顶箱篷布破损、系绳折断，苫盖不良

图 7-41　敞顶箱篷布破损、端部绳圈未系端压绳，苫盖不良

图 7-42　端压绳松脱，货检站甩车处理

图 7-43　端部绳圈未系端压绳，苫盖不良 1

图 7-44　端部绳圈未系端压绳，苫盖不良 2

二、问题车处置方式

篷布苫盖类问题车，无电区段在采取安全防护措施后进行在列整理，对货车苫盖篷布及篷布绳网进行整理、捆固。对敞顶箱篷布，属于符合甩车整理范围或因在电气化区段以及其他因素不具备在列整理条件的：

(1)到达机检、到达人工作业发现应进行甩车整理并拍发电报；

(2)牵出机检、出发人工作业发现应联系车站值班员扣车处理，必要时报告车站安全生产指挥中心；

(3)出发机检作业发现属“货运六必拦”相关情形应按规定处置，立即报告车站安全生产指挥中心、车站值班员；

(4)中欧班列按照班列运输阻滞相关办法处置。

中欧班列在途中因危及行车安全等特殊情况甩车时，甩车站要立即报告铁路局集团公司调度，铁路局集团公司调度将甩车情况及处理意见报告国铁集团调度；同时，在列车到达本站 2 h 内向主管铁路局集团公司货运部、发到站、集装箱公司拍发电报，并传真至中欧班列客户服务中心，电报内容包括列车车次、到达时分，甩下车辆的车种、车号、发站、到站，箱主代码、箱号，甩车原因等。对甩下的车辆，运输、货运、车辆等部门以及集装箱公司要加强配合，力争在 48 h 内处理完毕挂运上线，处理过程中应留存必要的照片等影像资料。

第三节　杂物残货类问题

杂物残货清理及交接检查相关规定：

《铁路货运安全管理规则》第 37 条，加强向货车抛撒杂物的控制和管理。按照“谁抛撒、谁负责”的原则确定责任主体，并追究责任。严禁押运人员将携带或废弃的物品放置在车外，严禁随意抛撒废弃物品。严禁将废旧配件、工程废料等杂物和清理出的树枝、垃圾等丢弃在货车上。严禁列车乘务人员、车站工作人员、列检人员等将生活垃圾或其他杂物丢弃在货车上。加强综合治理，杜绝闲杂人员故意向车辆上丢弃或摆放杂物。发现时，应予以制止或向有关部门反映。

《铁路货物运输规程》第 30 条，负责卸车的单位在卸车时，应将货物彻底卸净，卸空后的货车应清扫干净，车门、车窗、端侧板、冷藏车冰箱盖、罐车盖、阀等要关闭妥当。

《铁路货物运输管理规则》第 15 条，卸车后，应将车辆清扫干净，关好车门、车窗、阀、盖。

《铁路货运检查管理规则》第 23 条，货检主要内容：货车、货物、集装箱、篷布等顶部和敞车内货物等视频监控设备可视部位的情况。

一、问题车实例

1. 棚车杂物、悬挂物，如图 7-45、图 7-46 所示。

图 7-45　棚车顶部有杂物，货检站甩车整理

图 7-46　棚车车梯悬挂易飘浮物

问题车风险提示：

(1)顶部杂物未清理，飘浮物吹起悬挂接触网，危及行车安全；

(2)坚固硬物途中掉落，存在击打行车设备、机车车辆、作业人员隐患。

2. 敞车杂物、残留物，如图 7-47～图 7-51 所示。

图 7-47　空敞车内残留大量稻草绳把等，加固材料未清除

图 7-48　空敞车内大量残货未卸净，空车不空导致偏载

图 7-49　货车空车不空，车未卸净

图 7-50　敞车车帮上遗留撬棍

图 7-51　敞车端部悬挂整张易飘浮物

问题车风险提示：

(1)敞车内残留大量加固材料，存在火灾隐患；

(2)杂物飘起悬挂接触网,危及行车安全;

(3)坚固硬物途中掉落,存在击打行车设备、机车车辆、作业人员隐患;

(4)敞车货物未卸净,造成空车不空和超偏载问题车。

3. 罐车杂物、悬挂物,如图 7-52、图 7-53 所示。

图 7-52　罐车顶部护栏悬挂易飘浮物

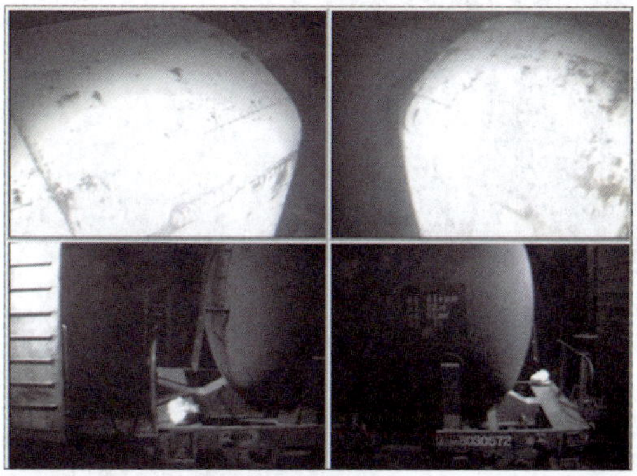

图 7-53　罐车通过台有垃圾杂物,货检站在列整理

4. 平车车地板杂物,如图 7-54、图 7-55 所示。

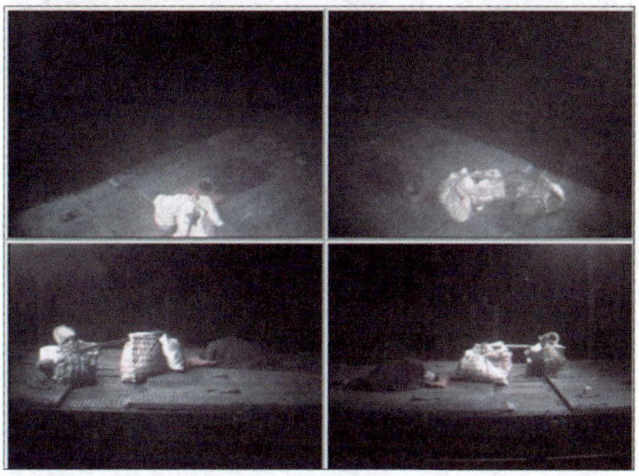

图 7-54　空平车车地板有大量垃圾杂物

图 7-55　装载货物的平车车地板有大量垃圾杂物

5. 集装箱、敞顶箱顶部杂物,如图 7-56～图 7-59 所示。

图 7-56　集装箱顶部有杂物

图 7-57　集装箱顶部有闸瓦

图 7-58　敞顶箱排水沟处大量残货，货检站甩车整理

图 7-59　敞顶箱苫盖篷布顶部有杂物

问题车风险提示：

(1)杂物飘起悬挂接触网，危及行车安全；

(2)坚固硬物途中掉落，存在击打行车设备、机车车辆、作业人员隐患。

6. 车体结构或辅助加固材料未清理、加固装置松脱，造成侵限，如图 7-60～图 7-63 所示。

图 7-60　敞车侧开门下合页处悬挂侧开门锁(钢丝绳)

图 7-61　平车车地板角钢脱焊，外翻侵限

图 7-62　平车装运座架隔梁螺杆松脱

图 7-63　平车装运座架隔梁栓丢失，隔梁张开

问题车风险提示：侵限、飞出后击打行车设备、机车车辆、作业人员，造成安全事故，危及行车安全。

二、问题车处置方式

杂物残货类问题车，无电区段在采取安全防护措施后进行在列整理，对货车车地板、通过台、车体、车门、车梯、车帮、车钩处杂物或悬挂物进行在列清除。对属于车辆配件缺失等涉及车辆技术状态的问题，通知车辆部门处理或按列检要求处理。对属于符合甩车整理范围或因在电气化区段以及其他因素不具备在列整理条件的：

(1)到达机检、到达人工作业发现应进行甩车整理并拍发电报；

(2)牵出机检、出发人工作业发现应联系车站值班员扣车处理，必要时报告车站安全生产指挥中心；

(3)出发机检作业发现属“货运六必拦”相关情形应按规定处置，立即报告车站安全生产指挥中心、车站值班员。

第四节 货物撒漏、溢出类问题

货物撒漏、溢出及交接检查相关规定：

《铁路货物运输规程》第 30 条，负责卸车的单位在卸车时，应将货物彻底卸净，卸空后的货车应清扫干净，车门、车窗、端侧板、冷藏车冰箱盖、罐车盖、阀等要关闭妥当。

《铁路货物运输管理规则》第 15 条，卸车后，应将车辆清扫干净，关好车门、车窗、阀、盖。

《铁路货运检查管理规则》第 23 条，货检主要内容：货车、货物、集装箱、篷布等顶部和敞车内货物等视频监控设备可视部位的情况。

一、问题车实例

1. 棚车装载货物撒漏，如图 7-64、图 7-65 所示。

（a）货物从门缝处撒漏　　（b）撒漏货物堆积

图 7-64　焦炭从车门缝隙处撒漏

（a）货物从车地板处撒漏　　（b）撒漏货物堆积

图 7-65　棚车装运的铁精矿撒漏

问题车风险提示：

（1）货物撒漏容易造成货车偏载或偏重，危及行车安全；

（2）撒漏的货物掩埋钢轨，移动车辆时容易造成车辆脱线发生事故。

2. 敞车装载货物撒漏、渗漏，如图 7-66～图 7-69 所示。

图 7-66　敞车装运沙，到达停留发现沙从侧门处撒漏

图 7-67　敞车装运煤，到达监控发现货物表面凹陷

（a）货物从下侧门处撒漏　　（b）撒漏货物堆积

图 7-68　敞车装运石英砂从车门缝隙撒漏

（a）货物从侧开门处撒漏　　（b）货物表层凹陷

图 7-69　敞车装运稀土矿，侧开门部件缺失，车门关闭不严，货物溢出

问题车风险提示：

(1)货物撒漏容易造成货车偏载或偏重，危及行车安全；

(2)撒漏的货物掩埋钢轨，移动车辆时容易造成车辆脱线发生事故。

3. 集装箱、特种箱货物撒漏、渗漏，如图 7-70～图 7-72 所示。

图 7-70　集装箱装运氧化铝从集装箱箱门处撒漏，使用泡沫填缝剂堵漏

(a)　　(b)

图 7-71　罐式集装箱液体货物渗漏

（a）特种箱附带发电机　　　　（b）发电机油料渗漏

图 7-72　特种箱附带发电机漏油

问题车风险提示：

(1)火灾隐患；

(2)货物撒漏容易造成货车偏载或偏重，危及行车安全；

(3)撒漏的货物掩埋钢轨，移动车辆时容易造成车辆脱线发生事故。

4. 罐车货物泄漏、渗漏、溢出，如图 7-73 所示。

图 7-73　罐车装运汽油，货物从人孔盖处渗漏

问题车风险提示：危险货物渗漏溢出容易引起火灾、爆炸、环境污染、毒害等。

二、问题车处置方式

货物撒漏、溢出类问题车，货检站根据现状研判，对不危及行车安全的撒漏现象，无电区段在采取安全防护措施后进行在列整理。对属于车辆配件缺失等涉及车辆技术状态的问题，通知车辆部门处理或按列检要求处理。对明显大量撒漏、渗漏危及行车安全，属于符合甩车整理范围或因在电气化区段以及其他因素不具备在列整理条件的：

(1)到达机检、到达人工作业发现应进行甩车整理并拍发电报；

(2)牵出机检、出发人工作业发现应联系车站值班员扣车处理，必要时报告车站安全生产指挥中心；

(3)出发机检作业发现属“货运六必拦”相关情形应按规定处置，立即报告车站安全生产指挥中心、车站值班员。

第五节　集装箱问题

集装箱及交接检查相关规定：

《铁路货物运输规程》第 30 条，负责卸车的单位在卸车时，应将货物彻底卸净，卸空后的货车应清扫干净，车门、车窗、端侧板、冷藏车冰箱盖、罐车盖、阀等要关闭妥当。

《铁路货物运输管理规则》第 15 条，卸车后，应将车辆清扫干净，关好车门、车窗、阀、盖。

《铁路集装箱运输规则》第 47 条，使用集装箱专用平车或共用平车时，装车前须确认锁头齐全、状态良好；装车后须确认锁头完全入位，箱门处的集装箱专用平车门挡或共用平车端板立起。

《铁路集装箱运输规则》第 50 条，使用 X4K 型集装箱平车，两端箱位装载集装箱、中间箱位未装载集装箱时，箱门应朝向外侧门挡。

《铁路货运检查管理规则》第 23 条，货检主要内容：货车、货物、集装箱、篷布等顶部和敞车内货物等视频监控设备可视部位的情况。

一、问题车实例

1. 违规使用普通平车装运集装箱，如图 7-74 所示。
2. 锁头入锁、缺失问题，如图 7-75～图 7-78 所示。

图 7-74　违规使用普通平车装运集装箱

图 7-75　集装箱角件未入槽

图 7-76　集装箱角件未完全入槽

图 7-77　集装箱专用平车锁头缺失，甩车整理

集装箱锁头未翻转

图 7-78　共用平车集装箱锁头未翻转

问题车风险提示：

(1)集装箱坠落危及行车安全；

(2)车辆、车列倾覆，造成铁路交通事故。

3. 非 F-TR 型锁装空箱辅助捆绑问题，如图 7-79、图 7-80 所示。

（a）集装箱角件外状

（b）非F-TR型平车锁头

图 7-79　非 F-TR 型锁平车装运空集装箱未按规定捆固

图 7-80　非 F-TR 型锁平车装运空集装箱相邻角件铁线捆固违反加固一般要求

4. 箱门锁闭问题，如图 7-81 所示。

图 7-81　集装箱箱门开启

问题车风险提示：

(1)集装箱箱门打开存在击打行车设备、机车车辆、人员隐患；

(2)存在货物撒漏、渗漏潜在安全隐患；

(3)造成偏载、偏重问题车；

(4)货物湿损。

5. 箱体问题，如图 7-82 所示。

图 7-82　回空集装箱箱体破损(旧痕)

6. 特种箱问题。

(1)罐式箱箱顶问题，如图 7-83、图 7-84 所示。

(a)　(b)

图 7-83　特种箱顶部防尘盖开启

图 7-84　特种箱顶部走板脱焊

(2)罐式箱箱体问题,如图 7-85、图 7-86 所示。

(a)罐式集装箱顶部　　(b)罐体钢带变形

图 7-85　罐式箱罐体钢带变形破损、开焊翘起

(a)罐式集装箱侧面蒙皮破损　　(b)罐式集装箱底部蒙皮脱落

图 7-86　特种箱保温层蒙皮破损、脱落

问题车风险提示:

(1)顶盖、走板等部件飞起、掉落,存在击打行车设备、机车车辆、人员隐患;

(2)存在货物撒漏、渗漏潜在安全隐患;

(3)货物损失。

二、问题车处置方式

集装箱问题车,属于符合甩车整理范围的:

(1)到达机检、到达人工作业发现应采取安全防护措施,在进行在列辅助捆绑后甩车整理并拍发电报;

(2)牵出机检、出发人工作业发现应在列辅助捆绑后联系车站值班员扣车处理，必要时报告车站安全生产指挥中心；

(3)出发机检作业发现属“货运六必拦”相关情形应按规定处置，立即报告车站安全生产指挥中心、车站值班员；

(4)中欧班列按照班列运输阻滞相关办法处置。

第六节　超偏载问题

超偏载及交接检查相关规定：

《铁路货运计量安全检测设备运用管理规则》第 57 条，货检站应加强超偏载检测装置检测结果的核实确认和处理。

《铁路货运检查管理规则》第 23 条，货检主要内容：设备检测发现的超偏载问题。

一、问题车实例

1. 超载问题，如图 7-87、图 7-88 所示。

C64K	4952353	0.0	左22	前0.6
C64K	4830966	0.0	右4	前0.6
C64K	4897607	0.0	右7	前0.1
C64K	4940189	0.0	右13	后0.1
NX17K	5273436	5.4	左19	前0.9
C64K	4894110	0.0	左12	后0.4
C70	1558771	0.0	左12	前0.5
C70E	1673365	0.0	右7	前0.7
C70	1597966	0.0	左6	前0.8

图 7-87　一般超载报警(超载 5.4 t)

P62NK	13.3	右215	前6.1
P70	0.0	右20	后4.8
P64K	26.3	右176	前1.3
P64GK	0.0	左2	后5.1
P70	1.0	右107	前0.8
P64GT	0.0	右26	后9.4
P64AK	0.0	左22	后4.8
P62NK	0.0	左3	后9.4
P62NK	15.7	右90	前6.1
P70	0.0	左40	前2.4
P62NK	0.0	右30	后3.4
P62NK	0.0	右46	前2.4
P62NK	0.0	右2	前4.8
P64AK	0.0	左35	后2.2
P64GK	0.0	左6	后4.6
P62NK	0.0	左6	前1.7
C70E	0.0	左47	后0.5
C70	0.0	左4	后7.1
C70	0.0	左13	前4.8
C70E	0.0	左50	前0.4

图 7-88　严重超载报警

2. 偏载问题，如图 7-89、图 7-90 所示。

C70E	1735139	0.0	右64	后1.1
C70EH	1515462	0.0	右101	后0.5
NX70	5452791		左42	后0.1
P70	3830023	0.0	右20	后1.7
P64K	3413771	0.0	右8	后0.2
P64AK	3428361	0.0	左3	后0.9
P62NK	3317599	0.0	右26	后0.8
P70	3829337	0.0	左11	前0.4
P64AK	3427654	0.0	右8	后0.1

图 7-89　一般偏载报警(右偏载 101 mm)

P70	3819347	0.0	右71	前1.2
P70	3833661	0.0	右204	前0.1
P70	3812713	0.0	右6	前0.4
C64K	4833186	0.0	左17	后0.1
C64K	4851114	0.0	左28	后0.0
C70E	1719056	0.0	左33	后0.3
C64T	4820948	0.0	左21	前1.3
C70E	1802663	0.0	左18	后0.5
C70E	1767710	0.4	左12	前0.4
C64K	4894452	0.0	左16	后0.5
C64K	4958822	0.0	左20	前1.2
C70	1607008	0.0	左11	后3.2

图 7-90　严重偏载报警(右偏载 204 mm)

3. 偏重问题，如图 7-91、图 7-92 所示。

C70	1584418	0.0	右27	后11.5
GQ70	0553506		左8	前0.2
GQ70	0564371		左19	前0.5
GQ70	0553580		左18	前0.3

图 7-91　一般偏重报警(后偏重 11.5 t)

X70	5313558	0.0	右21	后0.0
C70E	1777206	0.0	左11	前0.1
C70E	1787343	0.0	右9	后0.0
C70E	1818499	0.0	右18	前0.2
NX70A	5495411	0.0	右4	前0.1
NX70	5457805	0.0	左2	后16.4

图 7-92　严重偏重报警(后偏重 16.4 t)

4. 误报问题，如图 7-93、图 7-94 所示。

JSQ6	7543208	32.1	左2	前0.2
P70	3827696	0.0	右10	前2.1
P64AK	3451834	0.0	左12	前0.6
P70	3835718	0.0	右0	前1.5
P64GK	3463100	0.0	右3	后0.3
P63K	3301604	0.0	右8	后1.9

图 7-93　严重超载误报警(超载 32.1 t)

X4K	5700161		右112	后2.0
X4K	5700398		右51	后0.1
X4K	5700328		右69	后0.3
NX17K	5271001		右41	后1.7
C70E	1769168	0.0	右9	后1.7
C64H	4204601	0.0	右13	后0.1
C64K	4975259		右72	后1.3

图 7-94　空车报警(右偏载 112 mm)

5. 疑似报警问题,如图 7-95 所示,经调阅运统 1、视频监控、核对现车车号确认报警车辆并核实报警信息,按一般报警车流程处置。

[illegible]	超偏载	1	核查	2023-01-30 09:24	9.13	下	5	0	0	0	0	1	0	5	0
[illegible]	超偏载		核查	2023-01-30 09:23	8.25	下	1	0	0	0	0	0	0	1	0
[illegible]	超偏载	46232	核查	2023-01-30 09:22	23.75	下	44	0	0	0	0	0	0	0	0
[illegible]	超偏载	98511	核查	2023-01-30 09:21	22.87	下	40	0	0	0	0	0	0	0	0
[illegible]	超偏载	1	核查	2023-01-30 09:18	14.36	上	7	0	0	0	0	0	0	5	0

图 7-95　货检站超偏载机检作业发生疑似报警

问题车风险提示:

(1)车辆、车列倾覆;

(2)设备误报未核实或处置不当,耽误列车。

二、问题车处置方式

超偏载问题车,应加强超偏载检测装置检测结果的核实并按规定流程处理。对一般超偏载货车,在确认不危及行车安全时拍发电报通知下一编组站、发到站,同时在 24 h 内将信息上报铁路局集团公司货运主管部门。对装运卷钢和本局管内装车站装运,并发生一般超偏载问题的货车,应比照严重超偏载车进行处理。

1. 对严重超偏载货车

(1)到达机检作业发现应按照《铁路货运计量安全检测设备运用管理规则》中严重超偏载货车整理作业流程进行处置;

(2)牵出、出发机检作业发现应按照“超偏载检测装置检测严重报警信息处置流程”应急处置,在 15 min 内将核实结果向辆安站和车站值班员(站调)报告,同时立即通知设备维护人员检查设备状态;

(3)发现属“货运六必拦”相关情形应按规定处置,立即报告车站安全生产指挥中心、车站值班员;

(4)中欧班列按照班列运输阻滞相关办法处置。

2.《铁路货运计量安全检测设备运用管理规则》严重超偏载货车整理作业流程

(1)车站货检人员应根据检测结果,核对现车无误后,及时向车站行车调度部门报告。

(2)车站行车调度部门接到货检人员报告后,值班人员及时安排甩车,并送入指定地点。

(3)车站对甩下的货车重新过衡或进行偏载偏重复核。确认超偏载后,按规定整理和拍发电报。对超载报警车,应留存复衡单;对偏载报警车拍照不少于 2 张,一张为带车号的整体照片,其他为能反映核实偏载情况的整体或局部照片;偏重报警车拍照不少于 3 张,一张为带车号的整体照片,其他为能反映车辆两端装载情况或整体的照片。

(4)车站对甩下的超载货车进行卸载处理,并确认货物重量不超过货车容许载重量且不偏载不偏重后，方可编入列车继续运行。对甩下的偏载偏重货车进行处理，并确认不偏载不偏重后方可放行。

3.《关于明确超偏载检测装置检测严重报警信息处置流程》

(1)货检(货运)站通过本站超偏载检测装置检测发现货车严重超偏载报警时，应立即采取通过"铁路货运计量安全检测监控系统"比对途经站检测数据和回放货检视频监控、确认设备状态等方式进行核实，并在15 min内将核实结果向辆安站和车站值班员(站调)报告。同时立即通知设备维护人员检查设备状态。

(2)货检(货运)站核实货车严重超偏载报警信息为严重超偏载车，或无法判断该货车严重超偏载报警信息为误报时，货检站应立即报告车站值班员(站调)和辆安站在本站(前方站)甩车处理。停车站应组织货检(货运)、列检人员联合检查货车装载状态及车辆技术状态，经双方确认后按规定处置。货检(货运)站核实货车严重超偏载报警信息为误报信息时，货检(货运)站应立即报告辆安站放行继运。

(3)辆安站发现货车严重超偏载报警时，应及时向报警站核实。货检(货运)站报告需甩车时，辆安站接到报告后应按规定时限通知列车调度员在前方站(本站)甩车处理，填报"超偏载铁路货车通知卡"。货检(货运)站报告为误报时，辆安站应继续监控报警车运行状态。辆安站填报"超偏载铁路货车通知卡"时应逐项填记，确认车站时统一填记"前方站"或"本站"。

(4)货检、货运人员报告用语。

①需前方站停车检查或本站甩车的报告用语："××(车次)××(车号)经××超偏载检测装置检测严重超载(偏重、偏载)，请在前方站停车(或本站甩车)检查核实处理。"

②经检查判定为设备误报的报告用语："××(车次)××(车号)经××超偏载检测装置检测严重超载(偏重、偏载)，经检查核实属于设备误报警，请放行继运。"

(5)超偏载检测装置发生故障时和故障修复后，各设备配属站要及时通知辆安站。

第七节　治安类问题

扒乘治安类问题相关规定：

《普速铁路行车组织规则》第127条，处理列车扒乘人员的规定：

(1)报告、通知及处理的要求

铁路工作人员发现有扒乘人员，应报告车站值班员(列车调度员)，车站值班员报告列车调度员。对车站到达、尚未出发的列车应安排在本站停车处理；对通过列车或在区间运行的列车应安排在前方站停车处理；旅客列车有扒乘人员时，应立即停车处理。

(2)电气化区段停电处理扒乘人员的安全措施

在接触网带电线路上需登上车辆顶部及车辆装载货物上处理扒乘人员时，车站应向列车调度员提出停电申请，车站值班员(列车调度员)在通知该供电臂内的电力机车停车、降弓后，由列车调度员通知供电调度员停电，供电调度员通知供电人员到场配合。车站在供电人员现场配合的情况下，组织处理扒乘人员。

《铁路货运安全管理规则》第37条，加强反恐治安工作。积极配合各级铁路公安部门，强化反恐治安工作，加强车站封闭管理、巡查值守和反恐应急处置，减少货损、货盗、篷布(含篷布绳网)被割和车门开启等问题的发生,优化货运安全环境。

一、问题车实例

问题示例如图 7-96～图 7-97 所示。

图 7-96　到达监控发现扒乘人员

图 7-97　出发监控发现扒乘人员

问题车风险提示:

(1)扒乘人员人身安全风险;

(2)外来火源进入车内风险;

(3)破坏货物装载状态造成货物损失或引发事故风险;

(4)误碰车钩、闸盘等车辆配属设备引发行车事故风险。

二、问题车处置方式

路外扒乘等治安类问题车,货检员通过视频监控或外勤现场作业发现后应立即报告货检值班员,货检值班员立即通知驻站公安处理,并将扒乘车辆信息上报车间(站)值班人员、站段保卫科、车站安全生产调度指挥中心。车站对到达、尚未出发的列车应安排在本站停车处理;对已经出发的列车应安排在前方站停车处理;货检值班员对发现的问题车处置情况进行跟踪。出发机检作业发现属"货运六必拦"相关情形应按规定处置,立即报告车站安全生产调度指挥中心、车站值班员。

第八节　车辆技术状态类问题

本节所阐述的车辆技术状态类问题需要重点强调的是,货检作业对车辆技术状态检查不同于列检作业,更加侧重于检查车、门、窗、阀部件出现脱焊、断裂等明显异状,对车地板、走行部等部位不做检查要求。

一、问题车实例

问题示例如图 7-98～图 7-103 所示。

图 7-98　现场发现棚车车门侧边脱槽

图 7-99　现场发现 PB 型车车门整体位移

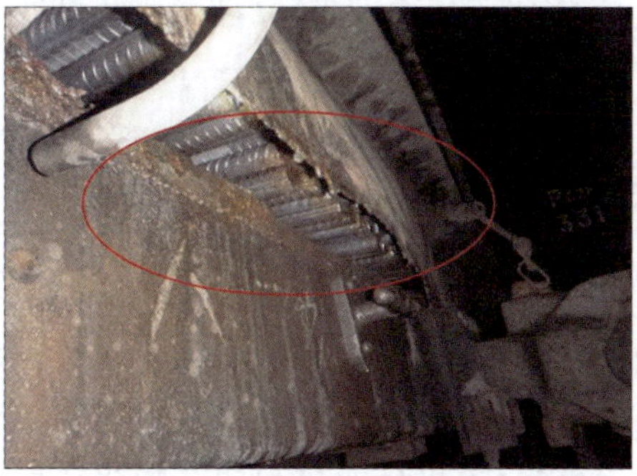

图 7-100　敞车端板破裂

图 7-101　空敞车下侧门折页脱焊

图 7-102　敞车下侧门折页脱焊

图 7-103　敞车下侧门门搭扣变形无法入槽

问题车风险提示：

(1)车门存在脱落隐患,危及行车安全;

(2)存在货物坠落隐患;

(3)货物撒漏;

(4)存在超偏载隐患。

二、问题车处置方式

(1)空车(如车门脱槽、位移或车体倾斜、外胀超过限度等)通知车辆部门现场确认和处理。

(2)重车通知车辆部门现场确认并提出处理意见,对能够在列整理的问题车由列检处理或按列检要求处理,整理后由车辆部门确认车辆运行条件,货检员确认货物装载状态,消除安全隐患继运。

(3)经车辆部门确认不能继续运行或无法在列整理的问题车,货检员应报告车站值班员(调度员)甩车整理。对不能经受正常调车作业的问题车应在摘车前按列检指导意见处理。对不能经受驼峰溜放作业的问题车通知车站值班员(调度员)禁止溜放。

(4)属抢险救灾、工务施工(工程车辆)以及有随车人员的问题车,通知车辆部门现场确认并提出处理意见,通知抢险救灾部门、施工单位、随车人员等相关人员并按列检指导意见在列整理或甩车整理。

(5)出发机检作业发现属"货运六必拦"相关情形应按规定处置,立即报告车站安全生产调度指挥中心、车站值班员。

第九节　押运类问题

押运管理及交接检查相关规定:

《铁路货运安全管理规则》第 37 条,加强押运管理。严格控制押运范围,除规章规定须派押运人的,铁路局集团公司不得强制托运人派人押运,不得任意扩大应派押运人押运货物的范围;特殊情况下,对托运人要求派人押运的,必须经发送铁路局集团公司货运管理部门确认同意。实施押运员资格管理,铁路局集团公司应建立押运员安全管理档案,对经教育培训合格的准许上岗并登记在册。规范押运行为,按规定着装,严禁押运人员在运输途中随意搬动货物和降低货物装载加固质量。严禁押运人员在货物顶部或在电气化区段货车顶部行走、坐卧,保证人身安全和货物安全。严禁在货车上吸烟、点燃蚊香等用火行为。严禁在货车上搭建押运棚(房)等临时性设施;特殊情况下必须搭建时,应经铁路局集团公司审查批准,确保安全牢固。

《铁路危险货物运输管理规则》第 50 条,押运员应当掌握所押运危险货物的性质、危害特性、包装容器、载运工具的使用特性和发生意外的应急措施。押运员押运时应携带培训合格证明,并符合下列规定:

(1)押运员在押运过程中应遵守铁路运输的各项安全规定,并对自身安全和所押运货物的安全负责。

(2)押运员应了解所押运货物的特性,押运时应携带所需安全防护、消防、通信、检测、维护等工具以及生活必需品,应按规定穿着印有红色"押运"字样的黄色马甲,不符合规定的不得押运。押运员执行押运任务期间,严禁吸烟、饮酒及做其他与押运工作无关的事情。

(3)押运员在途中要严格执行全程押运制度,认真进行签认,严禁擅自离岗、脱岗。严禁押运员在区间或站内向押运间外投掷杂物。对押运期间产生的垃圾要收集装袋,到沿途有关站后,可放置车站垃圾存放点集中处理。

(4)押运员应熟悉应急预案及施救措施,在运输途中发现异常现象时,应及时采取应急措施并向铁路部门报告。

《铁路危险货物运输管理规则》第 51 条，押运间仅限押运员乘坐，不允许闲杂人员随乘。运行时，押运间的门不得开启。押运间内应保持清洁，严禁存放易燃易爆物品及其他与押运无关的物品。对未乘坐押运员的押运间应锁闭，车辆在沿途作业站停留时，押运员应对不用的押运间进行巡检，发现问题，及时处理。

《铁路危险货物运输管理规则》第 54 条，押运管理工作实行区段签认负责制。货检人员应与押运员在所押运的车辆前签认，签认内容见“全程押运签认登记表”。托运人再次办理运输时（含应押运的气体类罐车返空）应出具此登记表，并由车站保留 3 个月。对未做到全程押运的，再次办理货物托运时车站不予受理。

《铁路危险货物运输管理规则》第 55 条，运输时发现押运备品不符合要求，押运员身份与携带证件不符或押运员缺乘、漏乘时应及时甩车，做好登记，并通知发站或到站联系托运人、收货人补齐押运员或押运备品，编制普通记录后方可继运。

《铁路货运检查管理规则》第 23 条，货检主要内容：危险货物押运人押运情况。

一、问题车实例

问题示例如图 7-104～图 7-106 所示。

图 7-104　随车人员私搭押运棚

图 7-105　到达列车押运间车门开启

图 7-106　随车人员在平车上随意摆放凳子、纸箱等物品

问题车风险提示：

(1)违规搭建的押运棚，运行中受风力作用飘起影响接触网；

(2)押运员信息与编组记载不一致、押运证件或押运备品不齐、押运员漏乘或缺乘，造成危险货物运输过程中丢失或无押运员监控出现突发事件，影响运输安全；

(3)押运人行为违反铁路运输安全规定，存在人身安全隐患，危及行车安全。

二、问题车处置方式

押运类问题车，货检员在视频监控作业或外勤在现场作业中：

(1)发现违规搭建押运棚、擅自在车上安设摆放与押运无关的物品，应要求随车人员立即彻底清除。

(2)发现押运人在车上生火做饭、吸烟、饮酒、乱掷杂物及做其他与押运工作无关的事情，在车上存放易燃易爆物品及其他与押运无关的物品等行为应立即予以制止。对存在安全隐患和严重违反铁路运输安全规定的应拍发电报甩车处理，报告车站安全生产调度指挥中心，通知驻站公安。

(3)发现危险货物押运人押运备品不符合要求，押运员身份与携带证件不符或押运员缺乘、漏乘时，货检员应通知货检值班员，货检值班员通知车站值班员(调度员)及时甩车，按规定拍发电报，通知车站派员看守并告知铁路公安部门。

(4)发现装有剧毒品的车辆或集装箱无封、封印无效以及有异状时，应立即甩车，并报告铁路公安部门共同清点，按规定进行处理。如发生丢失被盗等问题，立即报告铁路局集团公司和国铁集团调度、货运部门及铁路公安部门。

(5)出发机检作业发现属“货运六必拦”相关情形应按规定处置，立即报告车站安全生产调度指挥中心、车站值班员。

第十节　其他类问题

《铁路货运检查管理规则》第 23 条，货检主要内容：国铁集团规定的其他事项。

《铁路货运检查管理规则》第 25 条，甩车整理的主要范围：火灾。

一、问题车实例

问题示例如图 7-107～图 7-109 所示。

图 7-107　货车发生火灾事故

图 7-108　货物集热引发火情

图 7-109　平车回送座架，重当空排

问题车风险提示：

(1)发生火灾，中断行车；

(2)造成货物或车辆损失；

(3)重当空排；

(4)票车分离；

(5)多车少车引发行车事故。

二、问题车处置方式

火灾等其他类问题车，货检员在视频监控作业或外勤在现场作业中：

(1)发现列车火情火险、车内冒烟，货检员立即报告货检值班员，货检值班员报告车间值班人员、站段应急指挥中心。车站启动火灾应急预案时，货检人员在车站统一指挥下按照预案施救，确保人身安全。

(2)发现现车车号与运统 1 记载不符，与内勤车号员核对纸质票据发现多票、少票、无票以及重当空排、空当重排时，应立即通知车站值班员(站调)、内勤车号员处理或按调度要求处理，甩车整理时按规定编制普通记录拍发电报。

(3)出发机检作业发现属“货运六必拦”相关情形应按规定处置，立即报告车站安全生产调度指挥中心、车站值班员(站调)。

第八章　货检相关应急处置措施

第一节　货检站铁路交通事故应急处置

一、发生铁路交通事故时货检站的安全保障措施

(一)成立行车事故货运救援小组

组长:主管站(段)长。

副组长:车间(站)主任(站长)、党支部书记、专业科(室)负责人。

小组成员:车间(站)副职、专业科(室)主管、车间(站)管理和专业技术人员、货检值班员。

发生行车事故时,由救援小组组长统一指挥、采取措施组织货运施救。

(二)信息收集及传递

信息收集及传递流程如图 8-1 所示。

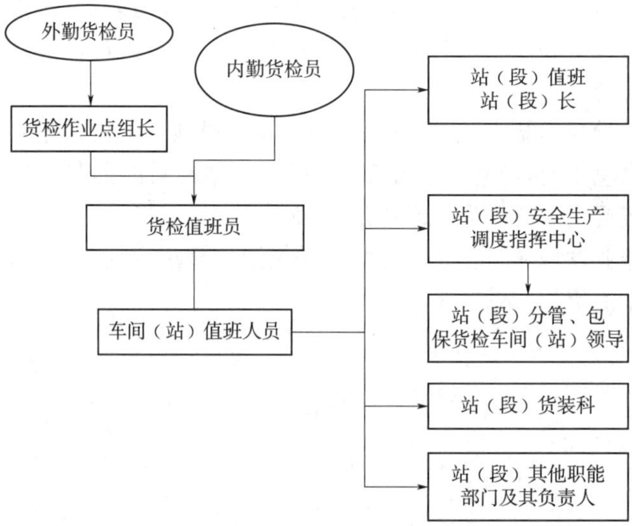

图 8-1　信息收集及传递

发生行车事故时,现场货检值班员应及时通知车间值班人员,由车间值班人员立即将事故基本情况报告站(段)安全生产调度指挥中心、调度车间值班站长、站段货装科及相关职能科室,内容包括事故发生的时间、地点、列车车次;发生事故的货物发站、到站、托运人、收货人、品名、件数、重量、车种车号、有无押运人等;事故概况,有无人员伤亡,货物毁损程度及保价(保险)等。由调度车间值班站长通知值班领导和相关部门及人员。

(三)处置内容及要求

1. 车间值班人员立即通知车间救援小组组长，救援小组成员应立即赶到现场，救援小组人员应及时查阅事故保留列车的编组和货票(查阅电子货票并打印)，并对照货票核对现车。对重点货物要重点掌握，对标注△B的车辆，要及时通知公安重点防范，防止被盗事故的发生。

2. 对保留列车中有鲜活、易腐、危险货物(放射性物品、易燃物品、剧毒品、爆炸品、压缩气体、液化气体)，要及时向车站货装科、调度车间值班站长和车站安全监控分析中心汇报，按车站指示要求办理。

3. 对停留时间超过 48 h 的车辆，是否拍发电报并抄送相关局集团公司，车间要按照车站的指示办理。局集团公司直接指示办理的，车间也应在第一时间内将处理情况及时向车站货装科汇报。

4. 列车在车站保留期间，货检值班员应配合派出所巡视、检查车辆(特别是重点车辆要重点巡视检查)，确保车辆、货物的完整，发现异状要及时汇报。

5. 停有保留车辆的线路，要保证有充足的照明。

6. 事故现场装载有货物的事故车辆，应立即查阅该次列车的编组和事故车辆货票，对照货票核对现车，并按事故救援领导小组指示，及时组织卸车或倒装作业，必要时拍发货物损失速报。

7. 装载易燃、易爆、有毒、放射性物品等危险货物的事故车辆处置，按相应的应急处理预案办理。

8. 发生阻碍运输的货运事故时，分别按照《铁路货物运输规程》《铁路货物运输合同实施细则》《铁路货物损失处理规则》等规定以及上级指示处理。

9. 应急救援小组根据事故车辆情况，核实重车货运票据记载品名、有无特殊要求等，采取相应措施进行恢复或及时组织卸空重车，积极配合行车部门处理事故救援工作。

10. 装运具有危险性、长大笨重货物的车辆及容易造成人员伤害、设备毁损的车辆发生行车事故时，应通知派出所公安人员到场维护秩序，按照上级指示制定针对性方案实施救援。

11. 进行整装、倒装处理的车辆以及损坏的车辆、配件按照上级事故救援领导小组的指示办理，严格执行装载要求、加固方法及时间规定。

12. 相关班组长各司其职，分工合作，积极配合，落实调配所需使用的车种、车数及装卸地点、劳动力、装卸机具，按照货装科安排进行救援，做好配合工作，保证救援工作的正常开展。

13. 办公室设在车间副主任办公室，应急联系人为车间主管安全副主任。

二、发生劳动安全事故时货检站的应急预案

(一)成立劳动安全事故救援小组

组长：主管站(段)长。

副组长：车间(站)主任(站长)、党支部书记、专业科(室)负责人。

小组成员：车间(站)副职、专业科(室)主管、车间(站)管理和专业技术人员、货检值班员。

(二)信息收集及传递

信息收集及传递流程如图 8-1 所示。

(三)处置内容及要求

劳动安全事故、事故预警的信息上报后，在尚未得到站(段)安全生产调度指挥中心、安全科指令前，车间应急处置小组组长带领相关人员立即赶赴现场，组织事发地货检人员有针对性地开展以下工作：

1. 实施紧急疏散和救援行动，组织职工开展自救互救。

2. 紧急调配货检车间范围内应急资源用于应急处置。

3. 指挥货检人员做好自我保护的同时划定警戒区域，未经站(段)应急领导小组许可不得擅自进入事故现场，做好事故现场外围保护。

4. 立即向站(段)安全生产调度指挥中心、安全科报告现场处置情况。

5. 其他必要的先期处置措施。

在采取先期处置措施时，事发地所有货检人员要服从车间应急处置小组的指挥安排，及时报告相关人员、现场处置情况。

车站派员到现场指挥时，车间(站)应急处置小组全体成员及事发地所有货检人员必须服从车站指挥人员的处置安排，遵照其指令完成后续相关工作。

6. 办公室设在车间副主任办公室，应急联系人为车间主管安全副主任。

(四)货检从业人员常见人身伤害种类

1. 物体打击：车辆顶部异物坠落，车辆、货物、装备超限。

2. 机械伤害：因货检工具异常或使用不当导致人身伤害。

3. 季节性伤害：因天气、气候造成人身伤害。

4. 触电：接触网、电气设备的异常脱落漏电，生产、生活用电器故障或使用不当造成人身伤害。

5. 火灾：电气设备、机车、车辆、办公场所火灾和火灾扑救过程中，烧、摔、砸、炸、窒息、中毒、高温、辐射等原因导致的人身伤害。

6. 灼烫：蒸汽、水等高温烫伤，酸、碱等化学物品及厨房作业等造成人员灼伤引起的人身伤害。

7. 爆炸：车辆装载易燃、易爆物质爆燃(炸)或电气设备爆炸造成人身伤害。

8. 中毒：酸、碱、氨等有毒化学药品引起急性中毒及用餐、饮水等引起急性中毒，导致人身伤害。

9. 车辆伤害：横越线路、车辆等导致人身伤害，站场内道路机动车或其他车辆造成人身伤害。

第二节　货检作业应急预案

一、货检设备故障时保证货检作业有序衔接应急预案

(一)成立货检设备故障应急小组

组长：主管站(段)长。

副组长：车间(站)主任(站长)、党支部书记、专业科(室)负责人。

小组成员：车间(站)副职、专业科(室)主管、车间(站)管理和专业技术人员、货检值

班员。

发生货检设备故障时，由应急小组组长统一指挥、采取措施实施应急处置。

（二）信息收集及传递

当货检发生设备故障或停电时，当班货检值班员立即上报货检车间主任（夜间报车间值班人员），同时报调度车间值班站长和车站安全监控分析中心，由车间报告车站主管站长（夜间报值班站领导）同意后宣布实施应急预案。

（三）处置内容及要求

货检值班员在接到设备故障实施应急预案指令后，按照以下方法实施：

1. 立即通知所有当班货检人员，并安排货检监控员、货检员、货检值班员增援有关作业场，按照单人双面进行货检作业。

2. 货检值班员在货检集中监控室负责协调组织货检作业。

3. 各场立即使用纸质台账进行填记，票据由货运检查员手工抄写，并与现场作业人员加强核对，对检查发现的问题及时拍发站车交接电报，做好台账填记。作业点的纸质台账填记由作业点组长负责。

4. 货检作业人员要加强与相邻工种间的协调、配合，及时督促票据传递到位。

5. 对系统故障，由车间专业技术人员及时联系生产厂家进行维护抢修，并做好设备故障登记。

6. 车间管理人员要加强设备故障后的现场作业盯控，积极协调解决生产中遇到的各种问题，妥善安排管理人员、备班人员参与非正常情况下的货检作业，保证编组站的畅通和货检作业的正常开展。

7. 车间要根据生产实际，做好货检设备故障应急预案的及时修订、完善，确保货检设备故障情况下工作能够顺利开展。

8. 办公室设在车间副主任办公室，应急联系人为车间主管安全副主任。

二、雨雪雾及高温等不良天气条件下保证货检作业有序衔接应急预案

（一）成立雨雪雾及高温等不良天气下保证货检作业有序衔接的应急小组

组长：主管站（段）长。

副组长：车间（站）主任（站长）、党支部书记、专业科（室）负责人。

小组成员：车间（站）副职、专业科（室）主管、车间（站）管理和专业技术人员、货检值班员。

发生雨雪雾及高温等不良天气时，由应急小组组长统一指挥、采取措施实施应急处置。

（二）非正常天气信息报送

1. 信息报送内容。非正常天气发生的时间、地点、影响范围、处置要求、应急抢险时间。

2. 信息报送时限。非正常天气发生后，必须在 20 min 内将相关信息上报调度车间值班站长和车站安全监控分析中心。

（三）预案启动

按雨雪雾及高温等不良天气启动本预案，值班人员根据天气预报，按照车站要求，组织

人员必须于1 h内到车间指定地点盯控、处置，参与处置期间成员保证联系电话畅通，确保能随时联系到位。

（四）启动应急预案要求

1. 在启动应急预案后，车间管理人员将分别到作业各场进行工作布置、重点作业盯控。

2. 车间管理人员、班组长要主动参与应急处置工作，提醒现场非正常天气条件下的注意事项，加强现场非正常天气条件下安全卡控，确保非正常天气条件下货检安全生产。

3. 车间认真做好后勤保障工作，为现场配齐、配足非正常天气条件下需使用的物品，确保现场非正常天气条件下作业的生产必需。

4. 作业人员要针对不同的天气条件，采取相应的保护措施，确保非正常天气条件下货检作业的安全。

5. 应急处置人员顺线路行走、横越线路、应急处置作业时，应随时注意机车车辆动态，避免碰撞、滑倒、摔伤，要相互监督、提醒，确保人身安全。

6. 办公室设在车间副主任办公室，应急联系人为车间主管安全副主任。

三、机检设备故障和维修期间人工替代的作业流程和人员安排应急预案

（一）成立机检设备故障和维修期间人工替代的作业应急小组

组长：主管站长。

副组长：车间主任、党支部书记、货装科科长。

成员：车间副主任、货装科主管专工、车间专业技术人员、货检值班员。

发生机检设备故障时，由应急小组组长统一指挥、采取措施实施应急预案。

（二）应急小组职责及联系方式

1. 制定应急机制，完善设备备品保管应用、人员组织办法。

2. 随时掌握设备故障及维修进度，及时向上级反馈信息。

3. 组织落实应急措施，组织应急处置，优先保证出发作业，协助到达。

4. 办公室设在车间副主任办公室，应急联系人为车间主管安全副主任。

（三）处置内容及要求

1. 当机检设备故障和处于维修期间时，货检作业将恢复人工作业方式。

2. 将监控人员分别安排到上下行到达场，在列车到达前5 min，出场立岗，在列车到达、通过时对到达列车进行目测预检。

3. 货检值班员在货检集中监控室负责协调组织货检作业。

4. 车间主任负责全面生产组织，加强设备故障和维修期间的现场作业盯控，积极协调解决生产中遇到的各种问题，妥善安排管理人员、备班人员参与非正常情况下的货检作业，保证编组站的畅通和货检作业的正常开展。

5. 生产台账改为纸质台账，由作业点组长负责填记。现场货运检查员使用“货检工作手册”记载重点车及货检作业情况，对检查发现的问题在120 min内拍发站车交接电报。

6. 机检设备故障和维修结束后，作业点组长负责将纸质台账内容补录到铁路货检安全监控与管理应用系统。

四、铁路货车火灾应急预案

(一)成立铁路货车火灾应急预案应急小组

组长：主管站(段)长。

副组长：车间(站)主任(站长)、党支部书记、专业科(室)负责人。

小组成员：车间(站)副职、专业科(室)主管、车间(站)管理和专业技术人员、货检值班员。

发生货车火灾时，由应急小组组长统一指挥、采取措施实施应急预案。

(二)信息收集及传递

当启动铁路货车火灾应急预案时，当班货检值班员立即上报货检车间主任(夜间报车间值班人员)，同时报调度车间值班站长和车站安全监控分析中心，由车间报告车站主管站长(夜间报值班站领导)后宣布实施应急预案，如图 8-2 所示。

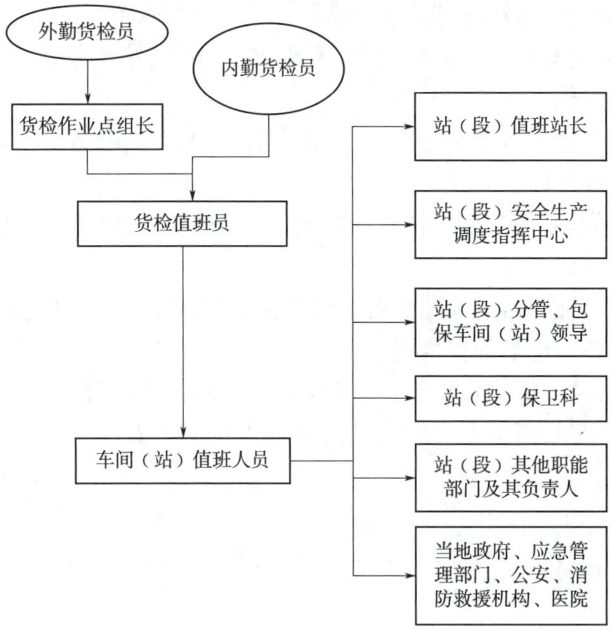

图 8-2 信息收集及传递

(三)处置内容及要求

铁路货车火灾事故、事故预警的信息上报后，在尚未得到站(段)安全生产调度指挥中心、保卫科指令前，车间应急处置小组组长带领相关人员立即赶赴现场，组织事发地货检人员有针对性地开展以下工作：

1. 实施紧急疏散和救援行动，组织职工开展自救互救；

2. 紧急调配货检车间范围内应急资源用于应急处置；

3. 指挥货检人员做好自我保护的同时临时划定警戒区域，并通知相邻单位，严禁擅自进入警戒区；

4. 立即向站(段)安全生产调度指挥中心、保卫科报告现场处置情况；

5. 在保证安全的前提下组织人员灭火抢险；接触网下灭火还应遵守《电气化铁路有关人员电气安全规则》中的相关规定。

灭火方法：

(1)普通固体货物车厢火灾使用消防设施器材迅速扑救。电气化区段的货车火灾扑救，必须先断电后灭火。对棚车火灾，在灭火人员、消防器材未准备好前，不得盲目打开车厢门窗，以免造成火势扩大和人员伤亡。

(2)易燃液体罐车火灾的扑救应采取以下措施：

①用水对起火罐车和邻近罐车进行不断冷却；

②用雾状水或用湿棉被等覆盖物对燃烧孔洞或裂缝处进行窒息灭火；

③用泡沫、干粉、二氧化碳灭火器进行灭火；

④用几支水枪对准火焰的根部交叉射水，隔绝空气与火焰接触窒息灭火；

⑤易燃液体流落地面时，用泥沙、草包等临时筑堤或在地上挖沟，拦截火势蔓延，用泡沫覆盖灭火或先用干粉灭火后用泡沫覆盖；

⑥明火扑灭后应立即对泄漏部位进行堵漏；

⑦在扑救过程中应随时观察火情变化，发现火焰、声响等异常情况，扑救人员应迅速撤至安全地点，防止爆炸伤人。

(3)可燃气体罐车火灾可用上述方法灭火，但堵漏工作未准备好前，不能将开口处燃烧的明火扑灭，以免造成爆炸。

(4)危险化学品货车火灾，应尽快查明货物品名，根据《铁路危险货物运输管理规则》注明的灭火方法实施灭火。

在采取先期处置措施时，事发地所有货检人员要服从车间应急处置小组的指挥安排，及时报告相关人员、设备和现场处置情况。

车站派员或消防救援机构到现场指挥时，货检车间应急处置小组全体成员及事发地所有货检人员必须服从车站指挥人员或者消防救援人员的处置安排，遵照其指令完成后续相关工作。